ESG/SDGs
と
債券市場

サステナブルファイナンスの時代

高崎経済大学 水口 剛 [編著]
野村資本市場研究所
「ESG債市場の持続的発展に関する研究会」

一般社団法人 金融財政事情研究会

はじめに

　昨今、世界の資本市場において、投資判断を行う際に環境、社会、ガバナンス（ESG）の要素を考慮する投資概念が広がりをみせている。ESG投資が拡大している大きな契機として、国際連合が支持する責任投資原則（PRI）が2006年4月に公表され、同原則のなかで機関投資家がESGの課題を投資の意思決定に組み込むよう提唱されたことがあげられる。

　ESG投資は当初、株式市場を軸に普及が進んだ。他方、債券市場に目を向けると、欧米を中心にグリーンボンドをはじめとした多くのESG債が発行され、流通している。一方、日本においては、環境省の支援策にも下支えされ、ここ数年でようやく発行額が伸びているところである。このような市場状況に鑑みて、ESG債市場に関する調査研究をさらに進めることが求められている。

　こうした問題意識のもと、野村資本市場研究所は、グリーンボンド等のESG債市場に関する調査研究を進めることを目的として、「ESG債市場の持続的発展に関する研究会」（座長：高崎経済大学 水口剛教授、以下「本研究会」）を2018年2月に設立した。本研究会は、学識者、発行体、運用機関、取扱金融機関、有識者等で構成され、幅広い視野での研究を目指した。

　本研究会は、ESG債の持続的発展に関する主要な論点を洗い出し、それらの論点に関して委員、オブザーバー、外部有識者による発表と議論を行うかたちで進められた。本研究会での議論・研究のなかで、水口座長をはじめとして参加者が目指していたのは、国内外のESG債市場の動向を把握し、ESG債に関する論点を整理することを通じて、ESG債市場の持続的発展に向けた課題を明らかにすることだった。本研究会の報告書となる本書は、そうした意図で取りまとめられたものである。

　本書の各章の執筆にあたっては、水口座長に執筆および編集の中心になっていただくとともに、野村グループの委員が本研究会で行われた議論の内容

を参考にして執筆を行った。委員およびオブザーバーの方々には、各章のコラムをご執筆いただいたほか、報告書をまとめるにあたって多大なご助言をいただいた。最終章は、「研究会からのメッセージ」として、本研究会での議論をふまえ、ESG債市場が持続的に発展するうえで鍵になると思われる要素を4点に集約し、委員およびオブザーバーの声とともに紹介した。

　市場関係者とこうしたテーマに関心をもたれる多くの方々に、本書を広くご活用いただけることを心より願っている。また、本書が資本市場におけるESG投資のさらなる普及とESG債市場の持続的な発展に資することにつながれば、これにまさる喜びはない。

　本研究会に、ご多忙のなかご出席、ご協力いただいた水口座長をはじめ、委員、オブザーバー、外部有識者の方々に、この場をお借りして感謝の意を表明したい。書籍の出版にあたりご尽力いただいた、株式会社きんざいの花岡博様にも厚く御礼を申し上げる次第である。

2019年6月

株式会社野村資本市場研究所

取締役社長　**松谷　博司**

研究会参加者一覧（2018年12月末現在）

〈研究会委員〉
(座長) 水口　　剛　　高崎経済大学　経済学部教授
　　　　相原　和之　　野村證券株式会社　デット・キャピタル・マーケット部　ESG債担当部長
　　　　足立　直樹　　株式会社レスポンスアビリティ　代表取締役
　　　　有馬　良行　　世界銀行　財務局駐日代表
　　　　石田　輝彦　　野村證券株式会社　デット・キャピタル・マーケット部　部長
　　　　江夏あかね　　株式会社野村資本市場研究所　主任研究員
　　　　河岸　正浩　　野村アセットマネジメント株式会社　運用部　債券Co-CIO
　　　　川原　英二　　株式会社三井住友フィナンシャルグループ　企画部コーポレートトレジャリー室　室長
　　　　佐藤　敦子　　高崎経済大学　経済学部准教授
　　　　塩澤健一郎　　国際金融公社（IFC）　シニア・ファイナンシャル・オフィサー（～2018年9月30日）
　　　　竹林　正人　　サステイナリティクス　アソシエイトディレクター／リードアナリスト
　　　　富永　健司　　株式会社野村資本市場研究所　副主任研究員
　　　　野村亜紀子　　株式会社野村資本市場研究所　研究部長
　　　　日比　保史　　一般社団法人コンサベーション・インターナショナル・ジャパン　代表理事
　　　　平林　　大　　第一生命保険株式会社　債券部次長
　　　　松谷　博司　　株式会社野村資本市場研究所　取締役社長
　　　　森丘　　敬　　株式会社格付投資情報センター　ストラクチャードファイナンス本部金融商品2部長　チーフアナリスト（格付企画調査室ESG推進部兼務）
　　　　安井　真紀　　国際金融公社（IFC）　シニア・ファイナンシャル・オフィサー（2018年8月1日～）
　　　　吉成　亮彦　　野村證券株式会社　デット・キャピタル・マーケット部　課長　ESG債担当

〈オブザーバー〉
　　　　高田　英樹　　経済協力開発機構　上級政策分析官（～2018年6月29日）
　　　　永田　　綾　　環境省　大臣官房環境経済課　環境金融推進室　室長補佐

〈編集協力〉
　　　　李　　暁星　　野村證券株式会社　デット・キャピタル・マーケット部

研究会の歩み

第1回　2018年2月22日　　ESG債市場の全体像

第2回　2018年4月3日　　海外実務と世界におけるESG債

第3回　2018年5月22日　　グリーンビジネスと資金需要

第4回　2018年6月28日　　ESG債の開示と第三者意見

第5回　2018年7月24日　　ESG債のプライシングと評価

第6回　2018年9月18日　　債券とESG

第7回　2018年10月25日　　ESG債と標準化

第8回　2019年1月25日　　中国・ASEANのグリーンボンド

略　語　表

ABS：Asset-Backed Securities（資産担保証券）
ACMF：ASEAN Capital Markets Forum（ASEAN資本市場フォーラム）
CBI：Climate Bonds Initiative（気候債券イニシアチブ）
CBS：Climate Bonds Standard（気候ボンド基準）
CDP：旧Carbon Disclosure Project。現在はCDPが正式名称である。
CICERO：当初の意味はCenter for International Climate and Environment Research－Oslo（オスロ国際気候環境研究センター）の略。現在はCICERO Center for International Climate Researchを組織名称として用いている。
DBJ：Development Bank of Japan（日本政策投資銀行）
EIB：European Investment Bank（欧州投資銀行）
GBP：Green Bond Principles（グリーンボンド原則）
GPIF：Government Pension Investment Fund（年金積立金管理運用独立行政法人）
HLEG：High-Level Expert Group on Sustainable Finance（サステナブルファイナンスに関するハイレベル専門家グループ）
ICMA：International Capital Market Association（国際資本市場協会）
IFC：International Finance Corporation（国際金融公社）
IFFIm：予防接種のための国際金融ファシリティ
ISO：International Organization for Standardization（国際標準化機構）
JICA：Japan International Cooperation Agency（国際協力機構）
KPI：Key Performance Indicator（重要業績評価指標）
MBS：Mortgage-Backed Securities（不動産担保証券）
NDC：Nationally Determined Contribution（自国が決定する貢献）
OECD：Organisation for Economic Co-operation and Development（経済協力開発機構）
PRI：Principles for Responsible Investment（責任投資原則）
R&I：Rating and Investment Information, Inc.（格付投資情報センター）
RMBS：Residential Mortgage-Backed Securities（住宅ローン担保証券）
SBP：Social Bond Principles（ソーシャルボンド原則）
SDGs：Sustainable Development Goals（持続可能な開発目標）
SIB：Social Impact Bond（ソーシャルインパクトボンド）
SPO：Second Party Opinion（セカンド・パーティ・オピニオン）
SRI：Socially Responsible Investment（社会的責任投資）
SSA：Sovereign, Supranational and Agency（政府、国際機関および政府系機関）
TCFD：Task Force on Climate-related Financial Disclosures（気候関連財務情報開示タスクフォース）

目　次

解　題　ESG債をめぐる論点　　1

はじめに ………………………………………………………………… 2
ESG債の概念―タイプと境界 ………………………………………… 2
グリーンプロジェクトの内容と水準 ………………………………… 4
ESG債のコストとプライシング ……………………………………… 6
経済的リターンと社会的リターン …………………………………… 7
社会的インパクトの追加性 …………………………………………… 8
外部レビューの役割と影響 …………………………………………… 9
日本に固有の事情をどう考えるか …………………………………… 10
ESG債市場の持続的な発展に向けて ………………………………… 10

基　礎　編

第1章　ESG債市場が注目される背景　　15

注目が集まるESG投資 ………………………………………………… 16
ESGを取り巻く主な動き ……………………………………………… 16
　1　CDP ………………………………………………………………… 19
　2　責任投資原則（PRI） …………………………………………… 19
　3　持続可能な開発目標（SDGs） ………………………………… 21
　4　パリ協定 ………………………………………………………… 22
　5　気候関連財務情報開示タスクフォース（TCFD） …………… 23
　6　欧州委員会によるサステナブルファイナンスに関するアクショ
　　　ンプラン ………………………………………………………… 25

第2章　ESG債とは何か　27

- ESG投資の手法 …………………………………………………… 28
- 債券におけるESG投資とは ……………………………………… 28
- グリーンボンド …………………………………………………… 31
- ソーシャルボンド ………………………………………………… 34
- サステナビリティボンド ………………………………………… 37
- ESG債の特徴 ……………………………………………………… 38
  - 1　商品形態 …………………………………………………… 38
  - 2　外部評価 …………………………………………………… 39
  - 3　ESG債と持続可能な開発目標（SDGs）の関係 ………… 41
- ESG債のメリット・デメリット ………………………………… 44
  - 1　発行体にとってのメリット・デメリット ……………… 44
  - 2　投資家にとってのメリット・デメリット ……………… 44

第3章　ESG債の発行手続と市場インフラ　47

- ESG債の発行関連実務および市場インフラ …………………… 48
- ESG債の発行関連手続 …………………………………………… 48
  - 1　発行準備 …………………………………………………… 49
  - 2　資金管理 …………………………………………………… 51
  - 3　情報開示 …………………………………………………… 51
- 市場インフラ ……………………………………………………… 52
  - 1　インデックス ……………………………………………… 52
  - 2　ESG債と証券取引所 ……………………………………… 52

第4章　ESG債の発行状況　　57

ESG債の発行状況や事例 ……………………………………………… 58
世界のESG債の発行状況 ……………………………………………… 58
 1　グリーンボンド ………………………………………………… 58
 2　ソーシャルボンド ……………………………………………… 66
 3　サステナビリティボンド ……………………………………… 66
日本のESG債の発行状況 ……………………………………………… 69
 1　国内発行体による日本国内におけるESG債発行状況 ……… 69
 2　国内発行体による日本国外におけるESG債発行状況 ……… 69
 3　国外発行体による日本国内におけるESG債発行状況 ……… 69
 4　国際機関等による日本国内の個人向けESG債（テーマ債）発行状況 …………………………………………………………… 76
ESG債の発行事例 ……………………………………………………… 76
 1　日本政策投資銀行（DBJ）によるSRI債（グリーンボンドおよびサステナビリティボンド） ……………………………………… 77
 2　野村総合研究所によるグリーンボンド ……………………… 79
 3　東京都によるグリーンボンド ………………………………… 81
 4　日本学生支援機構（JASSO）によるソーシャルボンド …… 86
 5　大林組によるグリーンボンド ………………………………… 88
 コラム　中国グリーンボンド市場の発展の鍵を握る「トップダウン」による支援策 ……………………………………………………… 89

第5章　ESG債の投資家層の動きとESG債ファンド　　93

ESG債市場を支える投資家の動向 …………………………………… 94
パリ・グリーンボンド宣言（PGBS） ……………………………… 94
グリーンボンドの投資家層 …………………………………………… 95

年金基金の動き ・・ 96
ESG債ファンド設定の動向 ・・ 99

第6章　ESG債に関する各国政府による主な支援策　103

ESG債の発行・投資促進に向けた取組み ・・・・・・・・・・・・・・・・・・・・・・・・・・・・・ 104
日　　本 ・・ 104
　　1　グリーンボンド発行モデル創出事業 ・・・・・・・・・・・・・・・・・・・・・・・・・ 104
　　2　グリーンボンド発行促進プラットフォーム ・・・・・・・・・・・・・・・・・・ 105
　　3　グリーンボンド発行促進体制整備支援事業（補助事業）・・・・・・ 106
　　4　環境省によるその他の取組み ・・・・・・・・・・・・・・・・・・・・・・・・・・・・・・・ 109
シンガポール ・・・ 109
香　　港 ・・ 110
マレーシア ・・・ 110
米　　国 ・・ 111
ルクセンブルク ・・ 112
中　　国 ・・ 112
　　1　中国人民銀行（PBoC）によるグリーンボンド等の適格担保化 ・・・・・ 113
　　2　江蘇省によるグリーンファイナンスに対する支援推進策 ・・・・・・・・・ 113

研　究　編

第7章　ESG債のモチベーション―いまなぜ、ESG債なのか―　117

ESG債市場をめぐる議論の出発点 ・・・・・・・・・・・・・・・・・・・・・・・・・・・・・・・・・・ 118
政府債務の増加と民間への期待 ・・・・・・・・・・・・・・・・・・・・・・・・・・・・・・・・・・・・ 119
債券であることの意義 ・・・ 121
鍵を握るステークホルダーの支持 ・・・・・・・・・・・・・・・・・・・・・・・・・・・・・・・・・・ 122

ESG債市場の発展 …………………………………………………… 122

第8章　ESG債の追加性　　　　　　　　　　　　　　　　125

ESG債の追加性に対する注目の高まり ………………………………… 126
ESG債の追加性がもつ2つの意味 ……………………………………… 126
資金の追加性に関する透明性向上策 …………………………………… 127
環境的・社会的インパクトに関する透明性向上策 …………………… 128
今後の課題 ………………………………………………………………… 129
　コラム　環境的・社会的インパクトの「追加性」の現状と課題 ………… 130
　コラム　サステナビリティにおける追加性の意味 ……………………… 131

第9章　ESG債のプライシング　　　　　　　　　　　　　135

プライシングに関する議論 ……………………………………………… 136
プライシングに対する発行体の観点 …………………………………… 136
プライシングに対する投資家の観点 …………………………………… 137
ESG債の価格形成に関する論理的な考察 ……………………………… 138
ESG債の価格プレミアムの実際 ………………………………………… 140
　1　気候債券イニシアチブ（CBI）による調査 ……………………… 140
　2　フランス国債の事例 ………………………………………………… 142
　3　ナショナルオーストラリア銀行の事例 …………………………… 143
　4　クレジットイベントに対するグリーンボンドのパフォーマンス … 146
経済的リスク・リターンと社会的リターン …………………………… 146
　1　社会的リターンに対する選好 ……………………………………… 147
　2　ソーシャルインパクトボンド（SIB）……………………………… 149
　3　第3の評価軸としての社会的リターン …………………………… 151
ラベルの価値とプライシング …………………………………………… 152

ESG債のプライシングに関する今後の課題 ･････････････････････････ 155
 コラム　グリーンボンドのプライシングに係る考察 ･･････････････ 156
 コラム　社会的リターン定量化への挑戦 ･･････････････････････････ 157
 コラム　ESG債の本質的価値──発行体の信用力とプロジェクトの質── ･････ 159
 コラム　ESG債市場の目的と社会的コストの負担 ･･････････････････ 160
 コラム　社会的インパクトとグリーンプレミアム ･････････････････ 162

第10章　ESG債の外部評価　　167

外部評価とは何か ･･ 168
外部評価は必要なのか ･･ 169
外部評価者に求められる要素 ･･････････････････････････････････････ 171
外部評価には何が求められているのか ･･････････････････････････････ 172
 1　サステイナリティクス ･･･････････････････････････････････ 173
 2　ヴィジオ ･･･ 174
 3　格付投資情報センター（R&I） ･･･････････････････････････ 174
ESG債市場の持続的成長と外部評価 ･････････････････････････････････ 177
評価機関が提供する価値とは ･･････････････････････････････････････ 178
外部評価の信頼性はどのように担保されるのか ･････････････････････ 179
 コラム　SPOがグリーンボンド市場にもたらすもの ･･･････････････ 181
 コラム　信用格付の伝統を受け継ぐ新しい外部評価 ･･･････････････ 182

第11章　ESG債のインパクトレポーティング　　185

インパクトレポーティングに関する議論 ････････････････････････････ 186
インパクトの評価 ･･ 187
インパクトレポーティングに関する動向と課題 ･････････････････････ 189
発行後のモニタリングにおける課題 ････････････････････････････････ 193

インパクトレポーティングに関する今後の展望 194

第12章　グリーンボンドからソーシャルボンドへ　　197

注目高まるソーシャルボンド 198
ソーシャルボンドの意義 199
　　1　SDGsとソーシャルボンド 199
　　2　ソーシャルボンドとソーシャルインパクトボンド 199
日本国内におけるソーシャルボンド 200
民間企業によるソーシャルボンド 202
ソーシャルボンドの課題 204
ソーシャルボンドの可能性 205
　コラム　国際金融公社（IFC）のソーシャルボンド 206
　コラム　市場の歩みとともに—ESG債市場の黎明— 207

第13章　日本におけるESG課題　　209

日本のESG課題を検討する意義 210
人口減少・少子高齢化 211
地方経済の停滞と東京一極集中 214
経済格差と貧困問題 216
脱炭素化とエネルギー問題 217
自然災害 220
　コラム　投資家の多様性と社会的インパクト 221
　コラム　ESG債市場発展の鍵となる外部要因—金利水準の正常化— 223

第14章　研究会からのメッセージ　　225

インパクトの追求 …………………………………………… 226
市場の育成に向けた取組み ………………………………… 228
ESG債の商品性の改善・向上 ……………………………… 230
情報の蓄積と共有 …………………………………………… 231

著者略歴 ……………………………………………………… 234
事項索引 ……………………………………………………… 238

解題

ESG債をめぐる論点

はじめに

　グリーンボンド、ソーシャルボンド、サステナビリティボンドなどを総称して、本書では「ESG債」と呼ぶ。本書は、「ESG債市場の持続的発展に関する研究会」の1年間にわたる議論の成果である。

　それでは、ESG債について研究するとは、何をすることだろうか。

　ESG債をめぐる論点は、一見、単純にみえる。たとえば米国や中国、フランスなどでは多額のグリーンボンドが発行されている。日本での発行もかなり増えてきたが、国際的にみるとまだ少ない。何が障害になっているのか。どうすれば日本でグリーンボンドの発行をさらに増やすことができるのか。普通に考えると、このようなことが論点に思える。

　当然、これらのことは研究会の視野にあった。だが、研究会を通じてみえてきたのは、これがそれほど簡単な話ではないということである。本書の目的は、その「簡単ではない部分」に光を当て、議論を通じた発見と、なお残る課題とをメンバーのなかだけにとどめておくことなく、社会に伝えることである。具体的には、まず基礎編でESG債の現状を整理したうえで、研究編で個々の論点を掘り下げて論じていく。それに先立って、何が議論となり、私たちが何を解明しようとしたのか、その全体像を描いておくことにしたい。

ESG債の概念―タイプと境界

　突き詰めていうと、「ESG債とは何なのか」ということが、研究会を貫く最大のテーマであったように思われる。もともと、グリーンボンドをはじめとするESG債は実務先行型の取組みであった。それゆえ少しずつタイプの違うESG債が提案され、多様なものが含まれるようになった。どこまでが本当の意味でESG債なのか。どういうものを本来のESG債と呼ぶべきなのか。つまりはESG債の本質とは何なのか。そういうことが、後で述べるプライシン

グや追加性という議論にもつながってくる。

　定義の上だけでいえば、グリーンボンドはシンプルだ。資金の使途をグリーンな事業に限定し、資金管理をしっかりし、レポーティングをする。そのことを約束すれば、グリーンボンドと名乗れる。外部レビューがあれば、信頼性がより高まる。

　だが、一口にグリーンボンドといってもさまざまなタイプが考えられる。単独では資金調達しにくい小規模なグリーンプロジェクトを束ねて証券化したような商品もあれば、自社の多様な事業のなかからグリーンプロジェクトの部分を切り出してグリーンボンドという「ラベル」を貼る場合もある。新規にグリーンプロジェクトを始めるための調達もあれば、既存のグリーンプロジェクトの債務の償還に伴うリファイナンスの場合もある。すると、次のような疑問が生じる。

　グリーンボンドによってはじめて資金調達が可能になるようなケースなら、その意義はわかりやすい。だが、普通の債券にグリーンのラベルを貼る行為をどう理解すればよいのか。グリーンボンドでなくても資金調達できるなら、普通に債券を発行してグリーンプロジェクトをすればよいのではないか。そして従来はそうしてきたのではないか。言い換えれば、ラベルを貼るタイプのグリーンボンドは、グリーンプロジェクトへと向かう資金量を実質的に増やしたといえるのか。

　グリーンボンドの発行体も広がった。当初は世界銀行などの国際機関が中心だったが、現在は金融機関や一般企業、政府なども発行するようになった。では、営利目的の組織と非営利の組織とでグリーンボンドの意味は同じだろうか。たとえば一般会計予算でも環境関連事業を行える政府が、あえて資金使途を限定してグリーンボンドを発行することをどう理解すべきだろうか。逆に、営利目的の組織におけるグリーンボンドとはどのような意味をもつのか。

　さらにソーシャルボンドやサステナビリティボンドが登場したことで、ESG債の領域が拡張した。ソーシャルボンドとは、社会課題の解決のための

社会的プロジェクト（social project）を資金使途とする債券だが、社会的プロジェクトには社会的弱者向けの水道や下水道、教育、住宅、雇用など広範な内容が含まれる。その分、ソーシャルボンドかどうかの境界線を引くことはむずかしくなる。

　このように一口にESG債といっても、さまざまなタイプのものがある。どのようなタイプを前提にするかによっても、その意義や性質が違ってくるのではないか。そしてどこまでをESG債ととらえるべきか、それをだれがどのように決めるのかが論点になるだろう。

グリーンプロジェクトの内容と水準

　グリーンボンドでなくても資金調達できる組織であっても、グリーンボンドというラベルを貼る行為には意味があるという見方はできる。グリーンボンドの発行は、発行体によるコミットメントを表す。脱炭素化をはじめとする環境関連投資へのコミットメントが増えることは、それ自体望ましい。したがって政府や、普通に債券を発行できる企業でも、グリーンボンドを発行することには意味があるという見方である。

　また、発行体や投資家にもメリットがある。発行体は、グリーンプロジェクトに取り組んでいることを発信することでレピュテーションやブランドの維持・向上が期待できるし、新たな投資家を呼び込むことで投資家層を拡大できるかもしれない。投資家の側も資金の使途を明確にして投資することができる。個人投資家は自らの意思を投資に反映させられるし、機関投資家もサステナビリティへのコミットメントを果たすことにつながる。

　そういう発行体や投資家が増えることによってグリーンプロジェクトへの資金の流れが太くなれば、サステナブル社会の実現に貢献するのではないか。つまり、グリーンであることを明確にした資金の流れをつくることで、経済の方向性を変えていくことができるのではないか。だから積極的にラベルを貼るべきだし、発行額を増やすことが重要だ。そういう考え方もあるだ

ろう。

　グリーンボンドの意義をこのようにとらえるならば、ラベルを貼る対象は何でもよいわけではなく、対象となるグリーンプロジェクトの内容や水準が問題になる。ではグリーンプロジェクトの内容をどのように評価し、その水準をどのようにして維持すべきか。これには、基準の設定や審査などの人為的な方法と市場の選択に委ねる方法の2つが考えられる。この2つは二者択一ではなく、現実には両者の併用ということになるだろう。

　人為的に規範を形成する最初の試みは、2010年の気候ボンド基準（Climate Bonds Standards）や2014年のグリーンボンド原則（Green Bond Principles）の公表であった。国内では、2017年の環境省によるグリーンボンドガイドラインの公表とその後の施策が同様の役割を担っている。欧州委員会が2018年のアクションプランのなかでサステナビリティ・タクソノミーやグリーンボンド基準の策定を決めたことや、国際標準化機構（ISO）でグリーンボンドに関連する複数の国際規格の検討が始まったことも、グリーンプロジェクトの内容や水準に関与する意思の表れといえるだろう。

　これらの動きのなかには、グリーンの基準を厳しくすることで、より環境への効果の高い事業へと資金を誘導したい、という意図があるかもしれない。だが、基準を上げれば発行はむずかしくなる。逆に基準を下げれば、発行はしやすくなるが、グリーンボンドの意義が薄れかねない。それでは、これらの複数の国際的な動きは、今後、調和（ハーモナイズ）していくのだろうか。するとしたらどのような方向か。そもそも調和すべきなのか。これらも論点である。動向を注視していく必要があるし、日本からの発信も望まれる。

　他方、いかに基準や国際規格ができても、実際にグリーンボンドを取捨選択するのは市場の役割である。市場が受け入れればグリーンボンドとして成り立つし、市場が受け入れなければ成り立たない。すると、どこまでをグリーンボンドないしESG債ととらえるかは、最後は市場が決めると考えてよいか。そうだとすれば、市場が機能していることが重要だ。では、ESG債に

関して市場が有効に機能するとはどういうことなのか。そして実際に市場が機能するための要件は何か。これらも論点と考えられる。

ESG債のコストとプライシング

　市場の基本的な機能の一つは価格発見機能である。それでは、現実のグリーンボンド等にはどのような価格がついているのだろうか。もし市場に「よいグリーンボンド」を選別する機能を期待するとしたら、内容のよいものほど高い値段がつく、ということになるのか。それは、いわゆるグリーンプレミアムがつくことだと考えてよいのか。

　だが、通常の債券でも資金調達できる発行体が、その発行体の信用力でグリーンボンドを出すのであれば、ラベルを貼ったからといって返済の確度が高まるわけではない。つまり債券の信用力は変わらない。とすると、発行価格も変わらないべきではないのか。グリーンプレミアムがあるとすれば、それはどのような論理で正当化されるのか。

　さらに、グリーンボンドを発行するには資金管理やレポーティングなど、追加的なコストがかかる。このコストはだれがどう負担するのだろうか。

　すでにグリーンボンドには一定の発行実績がある。したがってこれらの論点は、理論的な検討とともに、実際のプライシングがどうなっているのかという観点からも検討する必要があるだろう。日本では発行市場の検討が中心となろうが、海外では流通市場でのプライシングの状況も参考になるかもしれない。

　発行市場での実際の買い手をみると、グリーンボンドに投資する投資家は、ESG投資などを標榜するいわゆるグリーン投資家ばかりではない。つまり、グリーンボンドだからという理由ではなく、通常の投資判断の一環で買っている投資家もいる。このことをどう解釈すべきだろうか。

　他方で、欧米の大手年金などが、一定額をグリーンボンド等に投資することを方針として掲げていることから、グリーンボンドの市場がタイト化（供

給に対して需要が上回る状態）しているといわれることもある。これをどう理解すべきか。市場のタイト化は、グリーンボンドの需要に対して発行額が少ないための一時的な現象なのか。発行額が増えてくれば、価格は落ち着いてくるということか。それともそのような方針をもつ投資家がいるということは、グリーンプレミアムの源泉になるのだろうか。

経済的リターンと社会的リターン

　一定額をグリーンボンドに投資するという方針のアセットオーナーがいることをどう解釈すべきだろうか。市場に「グリーンボンドの質を評価して選別する」という機能を期待するなら、「真に」グリーンな債券に投資したいという投資家のニーズがあることが前提になるだろう。その意味では、いわゆるグリーン投資家の存在はESG債市場が機能するための要件の一つといえる。

　だがその場合、経済的リスク・リターンに加え、社会的リターン（社会的インパクト）も投資の判断基準になっていると考えてよいのか。そのとき、経済的リスク・リターンと社会的リターンの関係をどう考えるのか。両者は長期的には一致する、つまり長い目でみれば社会的リターンを追求することが経済的リスク・リターンを合理化することなのか。それとも経済的リスク・リターンという2次元から、社会的インパクトを加えた3次元へと判断の基準が拡張しているのか。この点は、ユニバーサルオーナーと呼ばれる大規模アセットオーナー、個人投資家、公的機関、運用受託機関といった投資家のタイプによっても立場が異なるかもしれない。

　現時点での機関投資家の通常の立場は、経済的リスク・リターンを損なわない範囲で社会的インパクトの大きいものに投資することだと考えられる。一方、個人投資家や公的機関には、経済的リスク・リターンと社会的インパクトに関して異なる選好があるかもしれない。研究会では、そのような選好の違いを反映してリスクを分担しうるESG債を開発することがESG債市場発

展の方向性の一つとなるのではないか、との提案が示された。これも重要な論点であろう。

社会的インパクトの追加性

　ESG債に社会的リターンがあるということは、その債券に投資することで、それがなければ生まれなかったであろう「追加的」な社会的インパクトが生まれるということである。これを社会的インパクトの「追加性（additionality）」という。

　最初に述べたとおり、通常の債券でも資金調達できる組織がグリーンボンドというラベルを貼る場合、グリーンプロジェクトに向かう資金が実質的に増えたといえるのかどうかが論点になる。これは追加性の問題の一種である。そしてそれはプライシングともかかわる。仮に追加性がないとしても、経済的なリスクとリターンの関係が適切なら、通常の債券として通用するだろう。では、社会的インパクトの追加性があれば、市場はその分、高く評価するのか。つまり、そのグリーンボンドに追加性があると考えたら、プライシングに対する投資家の態度は変わってくるのか。それとも追加性があってもプライシングは変わらないのか。これが上で述べた経済的リターンと社会的リターンの関係という論点である。

　ここで問題になるのは、どのようなときに追加性があると考えるのかということである。普通に資金調達できる組織でも、内部にリングフェンスを設けて資金使途を約束することは、追加性があると考えてよいか。既存のグリーンプロジェクトのリファイナンスの場合はどうか。環境保全に実質的な効果のある設備投資等であっても、規制に基づいて当然行うことだとしたら、そこに追加性はあるだろうか。規制はなくても、すでに広く浸透している標準的な技術だったらどうか。当初は追加性があると思われた技術でも、時とともに一般化していく場合、追加性も低減していくと考えるべきか。

　グリーンボンドの対象となるグリーンプロジェクトにも、追加性の大きい

ものもあれば、小さいものもあるだろう。市場はそれを峻別するだろうか。言い換えれば、ラベルの有無だけでなく質的な評価が市場でなされるのか。そうだとしたら、それは具体的にはどのような結果となって表れるのか。その際、外部レビューはどのような役割を果たすのだろうか。

外部レビューの役割と影響

　グリーンボンドや、より広義のESG債がその要件を満たしていることを確認するのが外部レビュー（外部評価）である。グリーンボンド原則や日本のグリーンボンドガイドラインでは推奨事項であり、気候ボンド基準では必須とされている。では、外部レビューはグリーンボンドの社会的インパクトの大きさや追加性の程度を評価する役割を果たすのだろうか。

　グリーンボンド原則やグリーンボンドガイドラインは、外部レビューのタイプとしてセカンド・パーティ・オピニオン（またはコンサルタント・レビュー）、検証（verification）、認証（certification）、スコアリング／レーティングの4つをあげている。これらはそれぞれ性質が異なると思われるが、外部レビューはそのどれであってもよいのか。また、外部レビュー実施機関となるにはどのような要件が求められるべきか。外部レビューは推奨事項でよいのか、それとも必須要件とすべきなのか。

　外部レビューはどのような結論や意見を表明すべきだろうか。原則やガイドラインに適合しているか否かのいずれかだけでよいのか。あるいは社会的インパクトや追加性について、格付や質的評価が求められるのか。信用格付の場合には、その後のデフォルト率などから、ある程度まで格付の正しさを事後的に検証することができるが、外部レビューの結果が適切だったかどうかは、事後的に評価できるのか。そして外部レビューの結果はプライシングに影響するのか。

　外部レビューも実務先行型の取組みであるがゆえに、これらさまざまな論点が残されているといってよいだろう。

日本に固有の事情をどう考えるか

　ESG債市場の発展を考えるうえで、検討すべき日本に固有の事情はあるだろうか。たとえば投資家層の違いや債券市場の性質の違いがESG債市場の発展に影響するだろうか。あるいは、金利水準をはじめとする市場環境の要因は、どのような影響をもつだろうか。

　また、資金使途として日本に固有のESG課題を考える必要はないだろうか。たとえば少子高齢化や生産年齢人口の減少といった課題に対応する事業を資金使途とした債券があったらソーシャルボンドないしサステナビリティボンドと呼べるだろうか。そのことはESG債の基準に関する国際的な議論とどのようにかかわるのだろうか。

　冒頭で述べたとおり、日本のESG債の発行額が国際的にみてまだ少ないということは、当初の問題意識の一つであった。しかし、ESG課題の多様性や地域性をはじめ、各国に固有の事情があるとしたら、金額の多寡を比較して論じることは妥当なのか。

ESG債市場の持続的な発展に向けて

　以上のようにESG債については多様な論点が考えられる。それらをふまえて考えたとき、ESG債市場の健全な発展とは、どのようなことなのか。これが本書全体を通して検討する課題である。

　ESG債市場を発展させることは目的ではなく、より持続可能な社会を実現するための手段ないしメカニズムの一つと考えるべきだろう。だとしたら、ESG債市場がどうなることが持続可能な社会につながるのか。そのために企業、金融機関、政府系機関などの発行体はどう行動すべきか。また、機関投資家や外部レビューを提供する評価機関・格付会社は何をすべきだろうか。政府は政策的に支援すべきなのか。政策的に支援するとしたら、どのような選択肢があるのだろうか。

本書はここにあげた論点のすべてに答えられたわけではない。しかし、その多くの部分について考え方を整理することはできたと考えている。ここを起点に、今後さらに議論が進展し、ESG債市場が持続的に発展していくことを期待したい。

〔高崎経済大学　水口　剛〕

基礎編

第1章

ESG債市場が注目される背景

注目が集まるESG投資

　ESGは、環境（E）、社会（S）、ガバナンス（G）を総称する用語である。金融市場では近年、グリーンボンドをはじめとしたESGに関連する債券に注目が集まっているが、その背景にはより幅広いESG投資全般への関心の高まりがある。

　そもそも、金融市場では、20世紀前半から社会的責任投資（SRI）といった概念はあったが、国際連合のコフィー・アナン事務総長（当時）の呼びかけで2006年4月に公表された責任投資原則（PRI）を一つの契機に、ESGの概念が急速に広まった。ESG債については、グリーンボンドにかかわる市場関係者が共同で2014年1月にグリーンボンド原則（GBP）を公表したことが発展の基礎となった[1]。一方、日本の金融市場においては、世界最大の公的年金である年金積立金管理運用独立行政法人（GPIF）がPRIに署名した頃から、株式、債券ともに、発行体や投資家等によるESGへの意識が顕著に高まっている。

　図表1－1に、以上のようなESGを取り巻く主な動きを示した。以下、本章ではこのなかの代表的なものについて概観する。

ESGを取り巻く主な動き

　本節では、CDP、責任投資原則（PRI）、持続可能な開発目標（SDGs）、パリ協定、気候関連財務情報開示タスクフォース（TCFD）、および欧州委員会によるサステナブルファイナンスに関するアクションプランについて取り上げる。

1　グリーンボンド原則は、バンク・オブ・アメリカ・メリルリンチ、シティバンク、クレディ・アグリコール、JPモルガン・チェースの4行が2014年1月に策定。その後、国際資本市場協会（ICMA）が事務局を務めている。

図表1-1　ESGを取り巻く主な動き

時　期	詳　細
1920年代	英米のキリスト教教会で酒、たばこ、ギャンブルを投資先から除外。社会的責任投資（SRI）の始まりといわれる
1970年代	米国で反戦、人種差別反対、環境保護など現在のESGにつながる内容がSRIのテーマとなる
2003年	国際NGOであるCDP（旧「カーボン・ディスクロージャー・プロジェクト」）が、気候変動が企業に与える経営リスクの観点から、世界の主要企業の二酸化炭素排出量や気候変動への取組みに関する情報を質問書を用いて収集し、公表するプロジェクトを開始
2006年4月	国際連合のコフィー・アナン事務総長（当時）の呼びかけに応えた機関投資家を中心とする投資コミュニティが「責任投資原則（PRI）」を提唱。フィデューシャリー・デューティー（受託者責任）のもとで、投資意思決定プロセスにESGの観点を組み込むべきとした世界共通のガイドラインとして位置づけ
2014年1月	複数の金融機関が共同で「グリーンボンド原則（GBP）」を公表。その後、国際資本市場協会（ICMA）が事務局を担当
2014年2月	金融庁、「スチュワードシップ・コード」を公表。投資先企業について把握すべき内容として「投資先企業のガバナンス、（中略）リスク（社会・環境問題に関連するリスクを含む）への対応など」をあげ、ESG要因への考慮も明確に推奨
2014年8月	経済産業省、「伊藤レポート」を公表。企業と投資家の建設的な対話を通して持続的な企業価値向上を提唱
2015年6月	東京証券取引所、「コーポレートガバナンス・コード」を策定。上場企業が守るべき行動規範のなかで、ESG要因を重要視
2015年9月	年金積立金管理運用独立行政法人（GPIF）がPRIに署名
2015年9月	国際連合のサミットで、2030年を期限とする先進国を含む国際社会全体の17の開発目標「持続可能な開発目標（SDGs）」採択。すべての関係者（先進国、途上国、民間企業、NGO、有識者等）の役割を重視し、「だれ一人取り残さない」社会の実現を目指して、経済・社会・環境をめぐる広範な課題に統合的に取り組むもの
2015年12月	第21回気候変動枠組条約締約国会議（COP21）にて、気候変動対策に関する新たな国際的な法の枠組みである「パリ協定」合意。長期的

	な目標として、温暖化による破壊的な影響を免れるために、「18世紀の産業革命による工業化以前と比較して平均気温の上昇を2℃を十分に下回る水準に抑えるとともに、1.5℃に向けた努力を継続する」との目標を定める
2017年5月	金融庁、「スチュワードシップ・コード（改訂版）」を公表。ESG要因を単なるリスクではなく収益機会としてもとらえること等を提示
2017年6月	ICMA、「ソーシャルボンド原則（SBP）」および「サステナビリティボンド・ガイドライン（SBG）」を公表
2017年6月	金融安定理事会（FSB）が設立した「気候関連財務情報開示タスクフォース（TCFD）」が最終報告書を公表。気候関連リスクおよび機会を財務的視点でとらえ、それらの財務インパクトについて、主流の財務報告で開示することを提言
2017年7月	国際標準化機構（ISO）、グリーンボンドに関する国際規格（ISO14030）の制定作業を開始
2018年1月	欧州委員会の「サステナブルファイナンスに関するハイレベル専門家グループ（HLEG）」、最終報告書を公表。サステナビリティ・タクソノミー（分類枠組み）の策定や、欧州連合（EU）レベルの公式グリーンボンド基準（EU GBS）の設定等を提言
2018年3月	欧州委員会、サステナブルファイナンスに関するアクションプランを公表。2019年第2四半期までにサステナブルファイナンスに関するテクニカル・エキスパート・グループ（TEG）がグリーンボンド基準に関する報告書を作成するほか、欧州委員会によりグリーンボンド発行時の目論見書の内容を特定し規制改正を行うこと等のスケジュールが盛り込まれる
2018年4月	世界銀行グループとGPIF、債券投資とESGに関する共同研究報告書「債券投資への環境・社会・ガバナンス（ESG）要素の統合」を公表
2018年5月	欧州委員会、サステナブルファイナンスに関する法整備の提案を公表
2018年6月	東京証券取引所、「改訂コーポレートガバナンス・コード」を公表。適切な情報開示と透明性の確保の観点から、非財務情報にESG要素に関する情報が含まれることを明確化
2018年12月	欧州委員会のTEG、気候変動の緩和に焦点を当てたサステナビリティ・タクソノミーに関する最初の意見聴取（コンサルテーション）を開始

出所：各種資料より野村資本市場研究所作成

1 CDP

　CDP（旧「カーボン・ディスクロージャー・プロジェクト」）は、世界の機関投資家の支持を得て企業の環境情報開示を進める、英国ロンドンに本部を置く国際的な非営利団体である[2]。2003年より、世界の主要企業の温室効果ガスの排出量や気候変動への取組みに関する情報を質問書を用いて収集し、公表してきた。CDPの企業向けの調査領域は現在、「気候変動」「ウォーター（水）」「フォレスト（森林）」の３つとなっている。CDPは、現在では各分野の質問書に回答した企業に対して、A（最高位）、A−、B、B−、C、C−、D、D−（最下位）の８段階で評価を行い、結果を公表している。質問書の回答企業は、世界的な環境問題への関心の高まりを背景に年々増加しており、たとえば気候変動に関する2017年の回答企業は、全世界の株式市場の時価総額の約６割を占める6,200社超にまで拡大している[3]。

　CDPの評価は、投資家にとって、企業価値を測る重要な指標の一つとなっている。そのため、CDPの署名機関投資家はアセットオーナーから運用会社まで多岐にわたっており、気候変動の場合、2017年時点で803組織（運用資産総額：約100兆ドル）にのぼっている[4]。

2 責任投資原則（PRI）

　責任投資原則（PRI）は、前述のとおり、2006年４月に国際連合のコフィー・アナン事務総長（当時）のリーダーシップのもと、その呼びかけに応じて世界の大手機関投資家グループが策定した投資原則である。投資意思決定プロセスに、フィデューシャリー・デューティー（受託者責任）のもと

---

[2] カーボン・ディスクロージャー・プロジェクトは、活動領域を、当初の気候変動から、水や森林等の分野に拡大していくため、2013年に組織名称をカーボン・ディスクロージャー・プロジェクトの略称であった「CDP」に正式に変更し、現在に至っている。
[3] CDP「CDP気候変動レポート2017：日本版」2017年10月、３頁。
[4] CDP「CDP気候変動レポート2017：日本版」2017年10月、46頁。

で、ESGの観点を組み込むべきとした世界共通のガイドラインとしての位置づけを有しており、6つの原則で構成されている。PRIの署名機関には、アセットオーナー、運用機関、サービス・プロバイダーの3つのカテゴリーがあり、6原則の遵守や毎年の報告等の義務が課せられている。株式投資に限らず、あらゆる資産クラスでESG要因を組み込むよう求められることが、ESG債への関心にもつながっているといえる。

署名機関数と運用資産額は年々増加傾向にある（図表1－2参照）。

図表1－2　PRIの6原則と署名機関数と運用資産残高の推移

［PRIの6原則］
1　投資分析と意思決定プロセスにESG課題を組み込む
2　活動的な所有者となり、株主としての方針と活動にESG問題を組み入れる
3　投資対象の企業に対してESG課題についての適切な開示を求める
4　資産運用業界においてPRIが受け入れられ、実行に移されるよう働きかける
5　PRIを実行する際の効果を高めるために、協働する
6　PRIの実行に関する活動状況や進捗状況に関して報告する

［PRIの署名機関数と運用資産残高の推移］

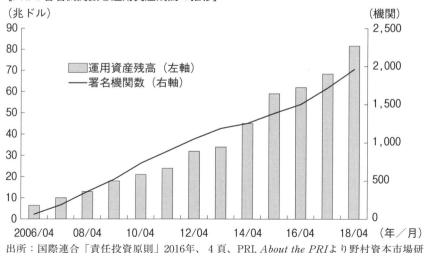

出所：国際連合「責任投資原則」2016年、4頁、PRI, About the PRIより野村資本市場研究所作成

20　基　礎　編

3　持続可能な開発目標（SDGs）

　持続可能な開発目標（SDGs）は、2001年策定のミレニアム開発目標（MDGs）の後継として、2015年9月の国連サミットで採択された「持続可能な開発のための2030アジェンダ」に記載された、2016年から2030年までの国際目標である。「だれ一人取り残さない」持続可能で多様性と包摂性のある社会の実現のため、2030年を年限とする17のゴール、169のターゲットで構成されている。

　SDGsの特徴としては、(1)普遍性（先進国を含め、すべての国が行動）、(2)包摂性（人間の安全保障の理念を反映し「だれ一人取り残さない」）、(3)参画型（すべてのステークホルダーが役割を担う）、(4)統合性（社会・経済・環境に統合的に取り組む）、(5)透明性（定期的にフォローアップ）があげられる。ちなみに、国際連合は、SDGsの達成に向けて必要な資金について、2016～2030年に毎年5兆～7兆ドル、このうち開発途上国は毎年3.3兆～4.5兆ドルと試算している[5]。

　日本関連の動きとしては、政府が2016年5月に「SDGs推進本部」を設置し、同年12月に、今後の日本の取組みの指針となる「SDGs実施指針」を決定している。実施指針においては、(1)あらゆる人々の活躍の推進、(2)健康・長寿の達成、(3)成長市場の創出、地域活性化、科学技術イノベーション、(4)持続可能で強靭な国土と質の高いインフラの整備、(5)省・再生可能エネルギー、気候変動対策、循環型社会、(6)生物多様性、森林、海洋等の環境の保全、(7)平和と安全・安心社会の実現、(8)SDGs実施推進の体制と手段、といった8つの優先課題があげられた。その後、2017年12月に公表された「SDGsアクションプラン2018」では、8つの優先分野に総力をあげて対応するための、主要な取組みが示された。一方、SDGsの達成に向けた企業・団

---

[5] United Nations Conference on Trade and Development, *Development and Globalization Facts and Figures 2016*, July 2016, p.165.

体等の取組みを促し、オールジャパンの取組みを推進するために「ジャパンSDGsアワード」が2017年6月に創設された。なお、自治体SDGsに関する施策としては、2018年6月にSDGs未来都市（29都市）および自治体SDGsモデル事業（10事業）を選定し、成功事例の普及展開等を行い、地方創生の深化につなげることを目指している。

4　パリ協定

　パリ協定は、2020年以降の気候変動問題に関する国際的な枠組みで、2015年12月の第21回気候変動枠組条約締約国会議（COP21）にて合意され、2016年11月に発効した。パリ協定では、世界共通の長期目標として、(1)世界の平均気温上昇を産業革命以前に比べて2℃より十分低く保ち、1.5℃に抑える努力をする、(2)そのため、できる限り早く世界の温室効果ガス排出量をピークアウトし、21世紀後半には、温室効果ガス排出量と（森林などによる）吸収量のバランスをとる、が掲げられている。ちなみに、国際エネルギー機関（IEA）は、2℃目標の達成に向けて必要な資金について、2016～2040年に総額75兆ドル（うち、エネルギー供給40兆ドル、追加的に必要となるエネルギー効率改善35兆ドル）と試算している[6]。

　パリ協定をめぐっては、世界各国の地球温暖化に対する関心の高まりを反映し、主要排出国を含む多くの国が参加しており、2017年8月時点で、日本を含む159ヵ国・地域が締結している。日本では、中期目標として、2030年度の温室効果ガスの排出を2013年度の水準から26％削減することが定められている（図表1－3参照）。

　SDGsやパリ協定の目標達成のためには、公的資金だけでは足りず、民間の巨額な資金を動員する必要があることも、ESG債への注目を高める背景となっている。

---

[6] International Energy Agency, *World Energy Outlook 2016*, 16 November 2016.

図表1−3　主要国・地域の温室効果ガスの排出削減目標の比較

国　名	1990年比	2005年比	2013年比
日　本	−18.0%（2030年）	−25.4%（2030年）	−26.0%（2030年）
米　国	−14〜−16%（2025年）	−26〜−28%（2025年）	−18〜−21%（2025年）
欧州連合（EU）	−40%（2030年）	−35%（2030年）	−24%（2030年）

注：米国は2005年比の数字を、欧州連合（EU）は1990年比の数字を削減目標として提出。
出所：中央環境審議会地球環境部会2020年以降の地球温暖化対策検討小委員会・産業構造審議会産業技術環境分科会地球環境小委員会約束草案検討ワーキンググループ合同会合事務局「約束草案関係資料」2015年4月30日、3頁

5　気候関連財務情報開示タスクフォース（TCFD）

　気候関連財務情報開示タスクフォース（TCFD）は、各国の中央銀行総裁および財務大臣からなる金融安定理事会（FSB）の下部組織で、投資家に適切な投資判断を促すための、効率的な気候関連財務情報開示を企業へ促す民間主導のタスクフォースであり、2015年12月に設立された。TCFDが2017年6月に公表した最終報告書では、すべての企業に対し、2℃目標等の複数の気候シナリオを用いて、自社の気候関連リスク・機会を評価し、経営戦略・リスクへの反映、その財務上の影響を把握、開示することが推奨されている[7]（図表1−4参照）。
　TCFDの提言をめぐっては、複数の主体により、発行体の開示の支援、気候関連財務情報に関する利用者需要の強調、タスクフォースへの支援体制の構築が行われている。たとえば、日本に関しては、環境省がシナリオ分析等

---

[7] Task Force on Climate-related Financial Disclosures, *Final Report: Recommendations of the Task Force on Climate-related Financial Disclosures,* June 2017.

図表1−4　気候関連のリスク、機会、財務的影響

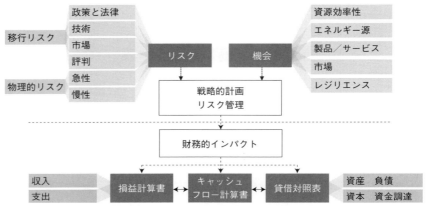

出所：気候関連財務情報開示タスクフォース「最終報告書：気候関連財務情報開示タスクフォースによる提言」2017年6月、7頁

に関する取組みを行っている[8]。また、経済産業省では、「グリーンファイナンスと企業の情報開示の在り方に関する『TCFD研究会』」を2018年夏に設置し、同年12月に「気候関連財務情報開示に関するガイダンス（TCFDガイダンス）」を公表した。

　一方、TCFDに賛同を表明する企業等も増えており、提言が公表された2017年6月には世界で101の企業等が賛同を表明していたが、2018年9月時点で513の企業等（時価総額合計：約7.9兆ドル）にまで拡大した。日本については、2017年6月には事業会社2社のみが賛同していたが、銀行、保険会社、証券会社等にも賛同する企業が拡大し、2018年12月末時点で37社に加え7団体にまで広がっている[9]。

8　環境省では、企業と投資家との対話促進に向けた「環境情報開示整備基盤事業」などTCFD提言等の世界の潮流もふまえながら企業の環境関連情報の開示等に取り組んできた。また、2018年6月27日に公表した「脱炭素経営による企業価値向上促進プログラム」に盛り込んでいるTCFDに沿った気候リスク・チャンスのシナリオプランニング支援等により、引き続き民間におけるTCFDをふまえた行動の促進を図っていくとしている。（環境省「TCFDへの環境省の賛同について」）

9　Task Force on Climate-related Financial Disclosures, *TCFD Supporters*.

6　欧州委員会によるサステナブルファイナンスに関するアクションプラン

　欧州連合（EU）では、2030年までに温室効果ガスの排出量を少なくとも1990年比40％削減するという目標を掲げるなか、目標達成のためには毎年1,800億ユーロの追加財源が必要となることが見込まれている。そして、公的セクターのみならず、金融セクターが主要な役割を担うことが期待されている[10]。

　欧州委員会では、EU全体の資本市場の活性化や域内の経済成長を目的とした政策パッケージ「資本市場同盟（CMU）」の一環である、サステナブルファイナンスを支援する金融システムの構築に関する取組みとして、「サステナブルファイナンスに関するハイレベル専門家グループ（HLEG）」を2016年12月に設立した。同グループは、具体的な検討を進め、2018年1月に最終報告書を公表した。これを受けて、欧州委員会はサステナブルファイナンスに関するアクションプランを2018年3月に公表している[11]。その後、同委員会は2018年5月、サステナブルファイナンスに関する法整備の提案を示した[12]。そして、サステナブルファイナンスに関するテクニカル・エキスパート・グループ（TEG）は2018年12月、気候変動の緩和に焦点を当てたサステナビリティ・タクソノミー（分類枠組み）に関する最初の意見聴取（コンサルテーション）を開始した[13]。

　アクションプランは、各種基準の策定、金融規制等の見直し、サステナビリティに関する開示の強化など、サステナブルファイナンスをめぐる枠組み

---

[10]　European Commission, *Sustainable Finance*.
[11]　European Commission, *Action Plan: Financing Sustainable Growth*, 8 March 2018.
[12]　European Commission, *Sustainable Finance: Making the Financial Sector a Powerful Actor in Fighting Climate Change*, 24 May 2018.
[13]　コンサルテーション期間は2019年2月22日までで、集められた意見等に基づき、同年6月19日までに最終版をまとめる予定となっている。（Technical Expert Group on Sustainable Finance, *Taxonomy Pack for Feedback and Workshops Invitations*, December 2019）

図表1－5　欧州委員会によるサステナブルファイナンスに関するアクションプランの概要

1	サステナブル活動に関するEU分類枠組み（EUタクソノミー）の構築
2	グリーン金融商品への基準とラベルの作成
3	サステナブルプロジェクトの投資促進
4	ファイナンシャル・アドバイスの提供時におけるサステナビリティの考慮
5	サステナビリティ・ベンチマークの推進
6	格付および市場リサーチへのサステナビリティ要素の反映
7	機関投資家および資産運用会社の義務の明確化
8	健全性要件におけるサステナビリティの考慮
9	サステナビリティに関する開示の強化と会計基準の影響の評価
10	サステナブル・コーポレートガバナンスと資本市場における短期志向への対応

出所：European Commission, *Action Plan: Financing Sustainable Growth*, 8 March 2018 より野村資本市場研究所作成

の強化を求める包括的な内容となっている（図表1－5参照）。グリーンボンドに関しては、EUレベルのグリーンボンド基準（EU GBS）の制定やグリーンボンド発行時の目論見書の内容特定および規制改正が実施される予定と示されている。

金融市場の観点からは、アクションプラン等に示された内容が、サステナブルファイナンスに資金を振り向けるにあたってどの程度実効性が伴うものかに加え、金融規制等の見直しを通じて金融市場や金融市場参加者の経営に影響が及ぶ可能性があるか否かについても注目が集まっている。

〔野村資本市場研究所　江夏　あかね〕

第2章

ESG債とは何か

ESG投資の手法

　ESG投資は、株式、債券等のさまざまな金融商品で行われており、さまざまな投資アプローチがある（図表2－1参照）。本章においては、債券におけるESG投資を概観したうえで、ESG債の主な種類、特徴、メリット・デメリットについて整理する。

債券におけるESG投資とは

　ESG投資を行う理由は、個々の投資家の立場や信念によってもさまざまだが、典型的には以下の3つをあげることができる。(1)長期投資家の立場から

図表2－1　主なESGの投資手法

手　法	内　容
ネガティブ／除外スクリーニング	なんらかのESGの規準に基づいて特定のセクターや組織等を投資先から除外する手法
ESGインテグレーション	投資判断に従来考慮してきた財務情報のみならず、ESGの要素も含めて体系的かつ明示的に分析をする手法
エンゲージメント株主行動	株主として企業に対してESGに適合する経営方針や行動を促すように働きかける手法（経営陣との対話、株主提案の提出、議決権行使等）
規範に基づくスクリーニング	ESG関連の国際規範に基づき、ビジネス活動の最低基準に満たない組織等を投資対象から除外する方法
ポジティブ・スクリーニング	同業他社と比較してESG関連の評価が高いセクター、組織、プロジェクト等に投資する手法
サステナビリティ・テーマ投資	サステナビリティに関するテーマ、組織、資産等に対して投資を行う手法
インパクト投資	社会・環境関連課題の解決を目的として投資を行う手法

出所：Global Sustainable Investment Alliance, *2016 Global Sustainable Investment Review*, 2017の分類を基に一部修正

ESG要因が長期的な投資のリスクとリターンに影響すると考えるもの、(2)巨額の資金で幅広い銘柄に投資するユニバーサルオーナーの立場から、投資の負の外部性を削減し、環境と社会の持続可能性を守ることが合理的と判断するもの、(3)投資利益を毀損しない範囲で持続可能な開発目標（SDGs）への貢献など、社会や将来世代に対する責任も果たそうと考えるもの、の3つである。

　これらの動機に基づくESG投資は、これまで主として株式投資を中心に発展してきた。図表2-1に示す方法論も主に株式投資で行われてきたものである。しかし上記のような動機を前提にするなら、ESG投資を株式だけに限定する必要はない。PRI事務局もすべての資産クラスに広げることを推奨している。なかでも債券投資に関しては、以下の理由からESG投資を行うことが期待される。

　まず、ESG要因が長期的なリスクとリターンにかかわるとすれば、債券投資でもESG要因を考慮することに経済合理性がある場合が考えられる。債券投資ではアップサイドの追求には限界があるが、ESG要因を考慮することでダウンサイド・リスクを軽減できる可能性がある。また、債券は市場規模が大きいので、その分環境や社会に与える影響も大きい。さらに、SDGsやパリ協定の目的を達成するためには巨額な資金が必要なため、効率的な資金調達手段として債券の役割が重要になる。

　それでは、債券におけるESG投資にはどのような方法が考えられるだろうか。図表2-1に示した方法には、債券投資にも応用できるものがある。たとえば債券でも株式と同様にネガティブ・スクリーニングや国際的な規範に基づくスクリーニングを適用することができる。また、発行体のESG面での特性をよりきめ細かく投資判断に組み込むインテグレーションも可能である。具体的には、社債の場合、ESG評価の低い企業では規制リスクや市場リスクから操業に支障をきたしたり、ガバナンスの弱さが不正や腐敗を招いたりするかもしれない。国債の場合も、自然資源の管理や国民福祉の水準、汚職などが税収や貿易等に影響しうるので、ESG評価が信用リスクにかかわる

可能性がある。

　これらのESGリスクは本来、信用格付に反映されるべきだとも考えられる。PRIは信用評価にESG要素をシステマティックに組み込むべきとした「信用格付におけるESGに関するステートメント」を公表しており、2019年2月時点で格付会社16社と、資産総額約29.5兆ドルに及ぶ147の投資家の署名を得ている[1]。一方で、債券には償還年限があるため、中長期を前提にするESG要因の考慮と時間軸があわないことがあるといった課題もある。

　債券保有者は株主と異なり、株主総会での議決権をもたない。したがって、エンゲージメントはむずかしいと思われることもある。しかし、社債は企業にとって重要な資金調達手段の一つであるから、投資家の意向は無視できないだろう。特に、社債を償還し、再調達するタイミングはエンゲージメントの機会となりうる。PRIは2018年4月に「債券投資家にとってのESGエンゲージメント─リスクを管理し、リターンを高める」と題したレポートを公表し、ESGエンゲージメントの実務的なガイダンスを示している。

　このような多様なESG投資の方法論のなかで、ESG債はどう位置づけられるのか。ESG債自体を明確に定義したものはないとみられるが、2000年代後半頃からテーマ債、SRI債、社会貢献型債券等の分類で、ESG関連の課題解決を目的とした債券の発行が始まった[2]。これらの債券は、資金使途や充当目的を明示した債券であり、図表2－1の分類のなかではサステナビリティ・テーマ投資やインパクト投資の一種と位置づけられる。また、資金使途を示して発行した後、継続的にレポーティングし、投資家がモニタリングするという意味では、投資家が資金の使われ方に関与する「対話」のツールともいえる。株式にはない、債券投資ならではのESG投資の方法といえる。

　原則・ガイドラインが存在するESG債は2018年12月末現在、グリーンボン

1　PRI Association, *Statement on ESG in Credit Ratings*. （https://www.unpri.org/credit-ratings/statement-on-esg-in-credit-ratings/77.article、2019年2月12日確認）
2　日本証券業協会では、「SDGs債」との呼称統一を検討している。（日本証券業協会「SDGs推進に関する日証協の取組みについて」2018年7月、9～10頁）

図表 2 − 2　ESG債の種類（イメージ）

```
                    ESG債
        （≒テーマ債、SRI債、社会貢献型債券等）

  ┌─────────┐ ┌───────────┐ ┌─────────┐
  │ グリーンボンド │ │サステナビリティボンド│ │ ソーシャルボンド │
  └─────────┘ └───────────┘ └─────────┘
                    ウォーターボンド、食糧安全保障債、教育支援債等
```

出所：野村資本市場研究所

ド、ソーシャルボンドおよびサステナビリティボンドの 3 種類とみられる。これらの関係を図示すると、図表 2 − 2 のようになる。本書では、これ以降、この図の範囲のESG債に焦点を当てて検討を進める。

グリーンボンド

　グリーンボンドとは、環境改善効果をもたらすことを目的としたプロジェクト（グリーンプロジェクト）に要する資金を調達するために発行される債券であり、2014年 1 月のグリーンボンド原則（GBP）の公表を機にその定義が確立した。同原則は当初、欧米の 4 銀行が共同で策定し、その後、国際資本市場協会（ICMA）が事務局を担っている[3]。GBPによると、グリーンボンドは、調達資金のすべてが、新規または既存の適格なグリーンプロジェクトの一部または全部の初期投資またはリファイナンスのみに充当され、かつ、GBPの 4 つの核となる要素（調達資金の使途、プロジェクトの評価と選定のプロセス、調達資金の管理、レポーティング）に適合しているさまざまな種類の債券と定義づけられている（図表 2 − 3 参照）。

---

[3] 当初策定した 4 銀行とは、バンク・オブ・アメリカ・メリルリンチ、シティバンク、クレディ・アグリコール、JPモルガン・チェースの 4 行である。また、ICMAは、その後複数回にわたって同原則を改訂している。

図表2-3　グリーンボンド原則の概要

[グリーンボンド原則が定める4要素および外部評価]

調達資金の使途	調達資金の使途は、明確な環境的ベネフィットをもたらすグリーンプロジェクトでなければならず、証券に係る法的書類に適切に記載されるべき
プロジェクトの評価と選定のプロセス	発行体は、 ・環境面での持続可能性に係る目的 ・発行体が、対象となるプロジェクトが適格なグリーンプロジェクトの事業区分に含まれると判断するプロセス ・関連する適格性についてのクライテリア を投資家に明確に伝えるべき
調達資金の管理	グリーンボンドによって調達される資金に係る手取金の全部、あるいは手取金と同等の金額は、サブアカウントで管理されるか、サブポートフォリオに組み入れられるか、またはその他の適切な方法のいずれかにより追跡されるべき。また、手取金の全部は、グリーンプロジェクトに係る発行体の投融資業務に関連する正式内部プロセスのなかで、発行体によって証明されるべき
レポーティング	発行体は、資金使途に関する最新の情報を容易に入手可能なかたちで開示し、それを続けるべきであり、また、その情報はすべての調達資金が充当されるまで年に1度は更新し、かつ重要な事象が生じた場合は随時開示し続けるべき
外部評価	発行体は、グリーンボンドの発行またはグリーンボンド発行プログラムに関連して、発行する債券または発行プログラムが4つの核となる要素に適合していることを確認するために、外部評価を付与する機関を任命することを奨励 外部評価の類型：セカンド・パーティ・オピニオン、検証、認証、グリーンボンドスコアリング／格付

[グリーンプロジェクトの事業区分（例）]

・再生可能エネルギー
・エネルギー効率
・汚染防止および抑制
・生物資源および土地利用に係る環境的に持続可能な管理
・陸上および水生生物の多様性の保全
・クリーン輸送

・持続可能な水資源および廃水管理
・気候変動への適応
・環境効率の高い、またはサーキュラーエコノミーに適合する製品、生産技術およびプロセス
・地域、国または国際的に認められた標準や認証に合致したグリーンビルディング

出所：International Capital Market Association, *Green Bond Principles,* June 2018 より野村資本市場研究所作成

　グリーンボンドについては、GBP以外にも、いくつかの主体が基準やガイドラインを公表している。まず、GBPに先立つ2010年12月に、英国のNGOである気候債券イニシアチブ（CBI）が気候ボンド基準（CBS）を公表した。その特徴は、基準に沿った認証（certification）のシステムを提供していることである。中国では中国人民銀行が2015年に、国家発展改革委員会が2016年にそれぞれグリーンボンドガイドラインを策定している。2017年にはASEAN資本市場フォーラム（ACMF）がグリーンボンド基準（GBS）を公表した。

　日本では、環境省が2017年3月、「グリーンボンドガイドライン　2017年版」を公表した。その内容は、GBPとの整合性に配慮して策定されており、「べきである」と記載された事項に対応していれば、国際的にもグリーンボンドと認められるとしている。

　国際的な観点からは、欧州委員会および国際標準化機構（ISO）の動きが注目される。第1章で述べたとおり、欧州委員会が2018年3月に採択したサステナブルファイナンスに関するアクションプランでは、EUレベルのグリーンボンド基準（EU GBS）の制定を行う予定であることが記されている。一方、ISOは2017年7月、環境マネジメントを担当する専門委員会であるTC207において、グリーンボンドに関する国際規格（ISO14030）の制定作業を開始した。同規格は、米国が提案申請したもので、グリーンボンドの環境評価プロセスや必要要件、モニタリング、情報開示等に関する内容を定めるべく、約3年をかけて審議が進められる予定となっている。このほか、ISO

のTC207には、フランスの提案で気候変動ファイナンスの規格を検討するワーキンググループと、中国の提案でグリーンファイナンスの規格を検討するワーキンググループが立ち上げられた。さらに、英国の提案により、サステナブルファイナンスの規格を検討するための新たな専門委員会としてTC322が新設された。

グリーンボンドの発行については、欧州投資銀行（EIB）が2007年6月に発行した気候変動対策債が始まりとされている[4]。また、世界銀行は2008年、世界で初めてグリーンボンドとの名称で債券を発行している[5]。なお、日本の発行体では、日本政策投資銀行（DBJ）が2014年10月に初のグリーンボンドを起債している。

ソーシャルボンド

ソーシャルボンドとは、社会的課題への対処に向けた事業を資金使途とする債券で、ICMAが2017年6月、ソーシャルボンド原則（SBP）を公表している[6]。SBPによると、調達資金のすべてが、新規または既存の適格なソーシャルプロジェクトの一部または全部の初期投資またはリファイナンスのみに充当され、かつSBPの4つの核となる要素に適合しているさまざまな種類の債券と定義づけられている（図表2－4参照）。なお、SBP以外では、ASEAN資本市場フォーラム（ACMF）がソーシャルボンド基準（SBS）を2018年10月に公表している。

ソーシャルボンドは、予防接種のための国際金融ファシリティ（IFFIm）

4　環境省環境格付融資に関する課題等検討会「環境格付融資の課題に対する提言（最終報告）」2015年3月、15頁。
5　世界銀行「グリーンボンドとは？」2015年、24頁。
6　ICMAは2016年6月、ソーシャルボンド原則の前身に当たる「ソーシャルボンド発行体向けのガイダンス」を公表している。また、ソーシャルボンド原則については、2018年6月に改訂されている。

図表2-4　ソーシャルボンド原則の概要
[ソーシャルボンド原則が定める4要素および外部評価]

調達資金の使途	調達資金の使途は、明確な社会的ベネフィットをもたらすソーシャルプロジェクトでなければならず、証券に係る法的書類に適切に記載されるべき
プロジェクトの評価と選定のプロセス	発行体は、 ・社会的な目標 ・発行体が、対象となるプロジェクトが適格なソーシャルプロジェクトの事業区分に含まれると判断するプロセス ・関連する適格性についてのクライテリア を投資家に明確に伝えるべき
調達資金の管理	ソーシャルボンドによって調達される資金に係る手取金の全部、あるいは手取金と同等の金額は、サブアカウントで管理されるか、サブポートフォリオに組み入れられるか、またはその他の適切な方法により追跡されるべき。また、手取金の全部は、ソーシャルプロジェクトに係る発行体の投融資業務に関連する正式内部プロセスのなかで、発行体によって証明されるべき
レポーティング	発行体は、資金使途に関する最新の情報を容易に入手可能なかたちで開示し、それを続けるべきであり、また、その情報はすべての調達資金が充当されるまで年に1度は更新し、かつ重要な事象が生じた場合は随時開示し続けるべき
外部評価	発行体は、ソーシャルボンドの発行またはソーシャルボンド発行プログラムに関連して、発行する債券が4つの要素に適合していることを確認するために、外部評価を付与する機関を任命することを奨励 外部評価の類型：セカンド・パーティ・オピニオン、検証、認証、ソーシャルボンドスコアリング／格付

[ソーシャルプロジェクトの事業区分（例）]
・手頃な価格の基本的インフラ整備（清潔な飲料水、下水道、衛生設備、輸送機関、エネルギーなど）
・必要不可欠なサービスへのアクセス（健康、教育、職業訓練、金融サービスなど）
・手頃な価格の住宅
・中小企業向け資金供給およびマイクロファイナンスによる潜在的効果の活用を含めた雇用創出

・食糧の安全保障
・社会経済的向上とエンパワーメント

［ソーシャルプロジェクトが対象とする人々（例）］
・貧困ライン以下で暮らしている人々
・排除され、あるいは社会から取り残されている人々、あるいはコミュニティ
・自然災害の罹災者を含む弱者グループ
・障がい者
・移民や難民
・十分な教育を受けていない人々
・十分な行政サービスを受けられない人々
・失業者

出所：International Capital Market Association, *Social Bond Principles*, June 2018より野村資本市場研究所作成

　が2006年11月に発行したワクチン債が始まりとされている[7]。日本の発行体では、国際協力機構（JICA）が2016年9月に初のソーシャルボンドを起債している。

　なお、ソーシャルボンドに類似するものとして、ソーシャルインパクトボンド（SIB）がある[8]。ICMAは、ソーシャルインパクトボンドについて、ソーシャルボンドと異なり、パブリック・プライベート・パートナーシップ（PPP）の一種であり、債券の一般的特徴を有していないことが多いと説明している[9]。すなわち、ペイ・フォー・パフォーマンス（成果払い）型の金融商品で、取引に係るキャッシュフローが、あらかじめ定められた非財務パフォーマンス指標の達成に依存するPPPである。

---

[7] Peter Munro, "Social Bonds: Fresh Momentum", *Quarterly Report*, Issue No.44, International Capital Market Association, 10 January 2017, p.13; International Finance Facility for Immunisation, *International Finance Facility for Immunisation Issues Inaugural Bonds*, 7 November 2006.
[8] ソーシャルインパクトボンドについては、第9章および第12章も参照されたい。
[9] 国際資本市場協会「質問と回答」8頁。

サステナビリティボンド

　サステナビリティボンドとは、環境と社会開発等にともに資する事業を資金使途とする債券で、ICMAが2017年6月、サステナビリティボンド・ガイドライン（SBG）を公表している[10]。なお、SBG以外では、ASEAN資本市場フォーラムがサステナビリティボンド基準（SUS）を2018年10月に公表している。

　SBGによると、サステナビリティボンドは、その手取金の全額がグリーンプロジェクトおよびソーシャルプロジェクト双方への初期投資またはリファイナンスに充てられるもので、GBPとSBPに共通する4つの核となる要素に適合する債券と定義づけられている。

　ICMAにおいては、プロジェクトには環境面や社会面といった複数の便益がある場合があるが、グリーンボンド、ソーシャルボンド、サステナビリティボンドのどれに分類するかは、当該プロジェクトの主な目的に基づき、発行体が決めるべきとの見解を示している[11]。すなわち、グリーンボンドとソーシャルボンドは発行目的が異なるが、グリーンボンドとサステナビリティボンド、ソーシャルボンドとサステナビリティボンドについては、発行目的が共通している場合がある。

　諸外国では、2008年12月にサステナビリティボンドを発行したフランスのノール・パ・ド・カレー州（現オー・ド・フランス州）をはじめとして、多くの発行体が起債しているほか、日本の発行体では、日本政策投資銀行が2015年10月に初のサステナビリティボンドを起債している。

10　サステナビリティボンド・ガイドラインは、2018年6月に改訂されている。
11　なお、複数の便益を有している場合でも、同一の債券に対して複数の異なる名称を用いることは避けるべきとされている（国際資本市場協会「質問と回答」7頁）。

ESG債の特徴

1 商品形態

　ESG債には、主として4つの商品形態がある（図表2－5参照）。このうち、金融市場に最も浸透しているのは「標準的ESG債」であり、調達資金をESG関連プロジェクト用に充当するが、同プロジェクトから創出されるキャッシュフローのみならず発行体の全信用力が実質的な担保という仕組みとなっている。標準的ESG債の場合、同じ発行体の他の債券と信用力や優先劣後関係が同一であるため、理論的には債券価格が同水準となるが、発行プロセスを通じてESG関連プロジェクトへの取組みを明らかにすることが可能

図表2－5　ESG債の種類

種　類	調達資金の使途	債務の償還
標準的ESG債	ESG関連プロジェクト用の財源	発行体に完全な償還義務が発生。そのため、格付水準は、当該発行体の他の債券と一致
ESGレベニュー債	ESG関連プロジェクト用の財源	発行体への遡及性を有しない債券で、償還原資は、対象プロジェクトからの事業収入、使用料、税金などの将来に見込まれるキャッシュフロー
ESGプロジェクト債	特定のESG関連プロジェクト（単一または複数）に限定	特定のプロジェクトからの収益のみが償還原資
ESG証券化債	ESG関連プロジェクト（単一または複数）用の財源もしくはESG関連プロジェクトに直接充当	ESG関連プロジェクトに係る裏付資産から創出されるキャッシュフローのみが償還原資 （例：カバードボンド、ABS、MBS、その他の仕組商品等の形態）

出所：Climate Bonds Initiative, *Explaining Green Bonds*; International Capital Market Association, *Green Bond Principles,* June 2018；環境省「グリーンボンドガイドライン　2017年版」2017年3月より野村資本市場研究所作成

となる。

2　外部評価

　ESG債が通常の債券と異なる点としては、外部評価の有無があげられる。ESG債の発行に際しては、発行体のESG債のフレームワークについて、客観的評価として外部評価が活用されることが多い。第10章に詳述しているが、ESG債の評価には、複数の形態が存在する（図表２－６上参照）。また、発行前は原則等に照らした際の適合性について、発行後はその資金管理方法やESG関連課題の改善効果が評価される（図表２－７参照）。

　外部評価は、ICMAのGBPやSBPにおいて活用することが奨励されており、投資家が投資判断を行ううえでの参考情報として取り扱われている。客観的かつ発行体から独立したプロセスで進められることから、ESG債の信頼性向上に寄与することが期待されている。

　グリーンボンドの場合、評価を行っている機関としては、ノルウェーのオスロ国際気候環境研究センター（CICERO）、オランダのサステイナリティクス、欧州のヴィジオ・アイリス（Vigeo Eiris）などがある（図表２－６下参照）。加えて、監査法人系機関や格付会社等も評価に取り組んでいる。その他、気候債券イニシアチブ（CBI）が、気候ボンド基準（CBS）への準拠について外部評価を受けた債券に認証を付与している[12]。

12　Climate Bonds Initiative, *Certified Green Bonds*.

図表2－6　ESG債の外部評価の形態とグリーンボンドの外部評価機関
[ESG債の外部評価の形態]

項　目	詳　細
セカンド・パーティ・オピニオン	発行体とは独立した環境・社会面での専門性を有する機関が、ESG債原則の適合性を査定。特に、発行体の包括的な目的、戦略、環境・社会面での持続可能性に関連する理念および／またはプロセス、かつ資金使途として予定されるプロジェクトの環境・社会面での特徴に対する評価を含みうる
検証	典型的にはビジネスプロセスおよび／または環境・社会基準に関連する一定のクライテリアに照らした独立した検証を取得
認証	ESG債やそれに関連するフレームワーク、または調達資金の使途について、一般的に認知された外部のESG基準もしくは分類表示への適合性に係る認証を、認証クライテリアとの適合性を検証する資格を有し、認定された第三者機関が確認
スコアリング／格付	ESG債やフレームワークまたは資金使途のような鍵となる要素について、専門的な調査機関や格付会社などの資格を有する第三者機関の、確立されたスコアリング／格付手法を拠り所とする評価または査定を受ける

[グリーンボンドの外部評価機関]

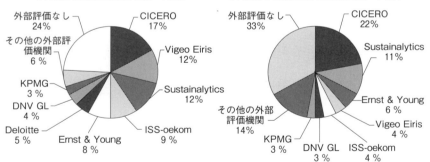

注：外部評価機関別発行額および外部評価機関別発行銘柄数（2018年12月末時点）は、ブルームバーグによるグリーンボンドの判定基準に基づく。証券化商品と米国地方債は含まない。
出所：国際資本市場協会「グリーンボンド原則2018」2018年6月、国際資本市場協会「ソーシャルボンド原則2018」2018年6月、ブルームバーグより野村資本市場研究所作成

図表 2 − 7　ESG債の外部評価を活用できる事項（グリーンボンドの場合、例）

項　目	詳　細
グリーンボンド発行前のレビュー	・調達資金の具体的使途として予定しているグリーンプロジェクトの適切性を評価 ・調達資金の充当対象となるグリーンプロジェクトを評価・選定するための規準や、当該規準に基づくグリーンプロジェクトの評価・選定の実施体制の適切性を評価 ・グリーンボンドにより調達される資金の追跡管理の具体的方法の適切性を評価 ・グリーンプロジェクトによりもたらされることが期待される環境改善効果の適切性（環境改善効果の算定方法や、算定の前提条件の適切性を含む）を評価
グリーンボンド発行後のレビュー	・グリーンボンドにより調達された資金の管理や、グリーンプロジェクトへの調達資金の充当が、発行前に発行体が定めた方法で適切に行われていたかを評価 ・グリーンボンドにより調達された資金を充当したグリーンプロジェクトによりもたらされた環境改善効果が、発行前に発行体が定めた方法で適切に算定されているかを評価

出所：環境省「グリーンボンドガイドライン　2017年版」2017年3月、38頁より野村資本市場研究所作成

3　ESG債と持続可能な開発目標（SDGs）の関係

　ICMAは、ESG債（グリーンボンドおよびソーシャルボンド）と国際連合によるSDGsの結びつきに関するマッピングを行っている（図表 2 − 8、2 − 9 参照）。発行体にとっては、経営戦略等に盛り込んでいるSDGsの目標、ESG関連プロジェクトと資金調達手段としてのESG債を結びつけるにあたり、役立つ内容となっている。

図表2-8 「持続可能な開発目標（SDGs）」とグリーンボンドの事業区分のマッピング（ICMA）

目標	再生可能エネルギー	エネルギー効率	汚染防止および抑制	生物資源および土地利用に係る環境的に持続可能な管理	陸上および水生生物の多様性の保全	クリーン輸送	持続可能な水資源および廃水管理	気候変動への適応	環境効率の高い、またはサーキュラーエコノミーに適合する製品、生産技術およびプロセス	地域、国または国際的に認められた標準や認証に合致したグリーンビルディング
1 貧困	―	―	―	―	―	―	―	○	―	―
2 飢餓	―	―	―	○	○	―	―	○	―	―
3 保健	○	―	○	―	―	―	―	―	―	―
4 教育	―	―	―	―	―	―	―	―	―	―
5 ジェンダー	―	―	―	―	―	―	―	―	―	―
6 水・衛生	―	―	―	―	○	―	○	―	―	―
7 エネルギー	○	○	―	―	―	―	―	―	―	―
8 経済成長と雇用	○	○	―	―	―	―	―	―	○	―
9 インフラ、産業化、イノベーション	○	○	―	―	―	―	―	―	―	―
10 不平等	―	―	―	―	―	―	―	―	―	―
11 持続可能な都市	○	―	○	○	○	○	○	―	○	○
12 持続可能な生産と消費	○	―	○	○	―	―	○	―	○	―
13 気候変動	○	―	―	―	―	―	―	○	―	―
14 海洋資源	―	―	―	○	○	―	―	―	―	―
15 陸上資源	―	―	―	○	○	―	―	―	―	―
16 平和	―	―	―	―	―	―	―	―	―	―
17 実施手段	―	―	―	―	―	―	―	―	―	―

注：国際資本市場協会のグリーンボンド原則の事業区分に基づく。
出所：International Capital Market Association, *Green and Social Bonds: A High-Level Mapping to the Sustainable Development Goals*, June 2018より野村資本市場研究所作成

図表2−9 「持続可能な開発目標(SDGs)」とソーシャルボンドの事業区分のマッピング(ICMA)

目標	手頃な価格の基本的インフラ整備	必要不可欠なサービスへのアクセス	手頃な価格の住宅	中小企業向け資金供給およびマイクロファイナンスによる潜在的効果の活用を含めた雇用創出	食糧の安全保障	社会経済的向上とエンパワーメント
1 貧困	―	○	○	―	―	○
2 飢餓	○	○	―	―	○	○
3 保健	○	○	―	―	―	―
4 教育	―	○	―	―	―	―
5 ジェンダー	―	○	―	―	―	―
6 水・衛生	○	―	―	―	―	―
7 エネルギー	○	―	―	―	―	―
8 経済成長と雇用	―	○	―	○	―	○
9 インフラ、産業化、イノベーション	○	―	―	―	―	―
10 不平等	―	○	―	―	―	○
11 持続可能な都市	○	―	○	―	―	○
12 持続可能な生産と消費	―	―	―	―	○	―
13 気候変動	―	―	―	―	―	―
14 海洋資源	―	―	―	―	―	○
15 陸上資源	―	―	―	―	―	―
16 平和	―	―	―	―	―	―
17 実施手段	―	―	―	―	―	―

注:国際資本市場協会のソーシャルボンド原則の事業区分に基づく。
出所:International Capital Market Association, *Green and Social Bonds: A High-Level Mapping to the Sustainable Development Goals,* June 2018より野村資本市場研究所作成

ESG債のメリット・デメリット

1　発行体にとってのメリット・デメリット

　発行体にとってのESG債発行のメリットとしては、ESG関連課題に対する積極的な取組みを投資家のみならず広い意味でのステークホルダーにPRできることがあげられる。また、ESG関連課題に対して配慮があり、先進的な金融手法にも取り組むといった発行体のイメージ戦略にも貢献すると考えられる。

　ESG債は、資金調達手段の多様化に加え、環境問題への対応を投資基準に含めている投資家にも魅力的に映ることから、投資家層の多様化にも寄与することが期待される。近年のように、ESG債の需要が高まる傾向が続けば、通常の起債よりも有利な条件での資金調達が可能になる局面も想定される[13]。加えて、ある発行体が自身より信用力の高いESG関連プロジェクトを有する場合、ESGプロジェクト債を発行すれば、理論的には、より有利な条件での資金調達が実現する可能性もありうる。

　一方、ESG債を発行するデメリットとしては、通常の債券とは異なり、ESG債に関連するレポーティングや外部機関による評価に係る手間やコストが発生することである。

2　投資家にとってのメリット・デメリット

　投資家にとってESG債に投資することは、ESG関連プロジェクトに積極的に資金供給することを通じて、プロジェクトへの支援スタンスをアピールする機会になりうるといったメリットがある。また、（特に日本国内の債券市場では）投資家が満期保有目的で保有する場合が多いため、流通市場での価格が比較的安定的に推移する傾向がある。一方、ESG債のなかでもESGプロ

---

[13] 常に有利になるわけではなく、通常の債券に比べて発行条件が特に有利にならない場合もある。ESG債のプライシングに関して、詳しくは第9章で検討している。

ジェクト債の場合、伝統的な金融資産との相関が低く、オルタナティブ投資の側面を有していることから、分散投資によるリスク低減効果を享受することが可能となる[14]。これに加えて、グリーンボンドに投資すれば、気候変動の緩和に貢献し、ひいては投資家自身のポートフォリオの気候関連リスクも間接的に削減されるといったメリットがある。

　他方、ESG債へ投資するデメリットとしては、比較的新しい金融商品であるため、審査・モニタリングに対してコストや手間を要する可能性がある。もちろん、専門調査機関や格付会社といった外部機関による評価が実施されている場合もあるが、評価のパフォーマンスが安定するにはある程度の時間を要するとも考えられる[15]。さらに、投資したESG債の充当事業が当初の目的を満たせなかったり、なんらかの問題が起きた場合、かえってレピュテーションリスクを負う可能性も否めない。

〔野村資本市場研究所　江夏　あかね、高崎経済大学　水口　剛〕

14　環境省グリーン投資促進のための市場創出・活性化検討会「平成27年度　グリーン投資促進のための市場創出・活性化検討会　報告書─我が国におけるグリーンボンド市場の発展に向けて─」2016年3月、16頁。
15　たとえば、信用格付の場合、格付対象数が少ないことは格付パフォーマンス（精度）を維持することも、統計的に確かめることも困難にするとも考えられる。（江夏あかね「欧州危機で注目を集めたソブリン格付け」『経営情報学会誌』第22巻第1号、経営情報学会、2013年6月、55頁）

第3章

ESG債の発行手続と市場インフラ

ESG債の発行関連実務および市場インフラ

　ESG債は、資金使途をESG関連課題としていることもあり、通常の債券の発行手続のほかに、追加的な対応を行うことが求められる。一方、金融市場においても、インデックスや証券取引所といった市場インフラが、ESG債の円滑な流通に寄与している。本章においては、ESG債の発行関連手続と主な市場インフラについて概観する。

ESG債の発行関連手続

　ESG債の発行関連手続について、発行準備、資金管理および情報開示に分けて、求められる対応を整理する（図表3－1参照）。

図表3－1　ESG債発行の一般的スキーム（グリーンボンドの場合）

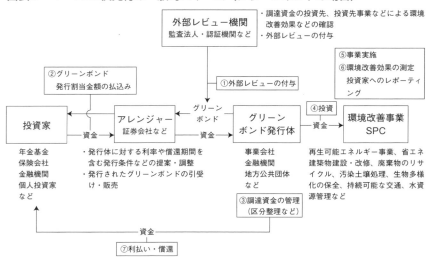

出所：環境省グリーンボンド発行促進プラットフォーム「グリーンボンド発行スキーム」を基に一部修正

1　発行準備

　資金使途の決定方法については、(1)当初から資金を充当する個別のプロジェクトを確定し、資金管理を行う方法と、(2)当初段階では個別のプロジェクトが確定しておらず、資金を充当する範囲とESG債として適合する基準を定めて、発行後にプロジェクトを選定する方法が市場ではみられる（以下、本書ではそれぞれ「個別プロジェクト方式」「フレームワーク方式」とする）。昨今の発行事例においては、フレームワーク方式による資金使途の決定が多い傾向にある。フレームワークは、一般的に国際資本市場協会（ICMA）のグリーンボンド原則（GBP）等に定められている4つの要素についてまとめられる（図表3－2参照）。

　発行体は、フレームワーク等の策定を行った後、必要に応じて外部評価を取得すべく、評価会社を選定する。発行体は、評価会社に対してESG関連プロジェクトやESG債関連情報等を提供する。評価会社は、これを受けて、場合によっては追加情報の要請等を行ったうえで、セカンド・パーティ・オピニオンを作成する。

　発行体は、上記のESG債特有の対応を行うと同時に、通常の社債等の発行

図表3－2　一般的なフレームワークの内容

項　目	内　容
調達資金の使途	対象となる投資プロジェクトとその適格性の定義（投資エリア、プロジェクトのコンプライアンス、クリアすべきアセスメント、充当時期）
プロジェクトの評価と選定のプロセス	プロジェクトの環境インパクト指標、プロジェクトの選定にあたっての社内フロー、ESG関連部署の関与
調達資金の管理	資金管理の方法、担当部署、管理の頻度
レポーティング	資金充当状況：頻度、内容 インパクトレポーティング：頻度、使用する指標

出所：野村證券

図表3－3　ESG債発行に向けた一般的な手続（グリーンボンドの場合）

	通常の社債発行手続	グリーンボンド発行手続	
1月目		評価会社選定／キックオフ・ミーティング	2〜3週間程度
		評価会社による情報・資料収集／資金使途・プロジェクトの説明	
		評価会社による必要事項に関する確認	
2月目		評価会社による検討／追加的な質疑応答の発生	
		セカンド・パーティ・オピニオン契約締結	
3月目	継続開示審査のアップデート	セカンド・パーティ・オピニオンドラフト作成開始	4〜7週間程度
	発行登録追補書類の準備、開示内容の検討		
	格付会社とのコンタクト		
	デットIR資料の作成		
	訂正発行登録書へのセカンド・パーティ・オピニオンの反映	セカンド・パーティ・オピニオンの受領	
4月目	主幹事アナウンス		
	訂正発行登録		
	投資家へのデットIR		
	（サウンディング）／ソフトヒアリング／主幹事マーケティング		
	条件決定		
		発行後のレポーティング	

出所：野村證券

手続に向けた準備を行う（図表3－3参照）。そのため、一般的に、ESG債の発行までには通常の社債等に比して時間を要する傾向にある。

2　資金管理

　ESG債の発行を通じて、資金を調達した後、フレームワーク等で定めた方法にて、調達資金の追跡管理を行う。グリーンボンドの場合、追跡管理の方法としては、(1)調達した資金を、会計上区別された補助勘定を設けて記入し、グリーンプロジェクトに充当した場合に当該補助勘定から支出する、(2)社内システムや電子ファイルにより調達資金の全額とグリーンプロジェクトへの充当資金の累積額を管理し、定期的に両者を調整し、後者が前者を上回るようにする、(3)調達資金を別口座に入金してその全額をその他の事業資金と区別して管理し、グリーンプロジェクトへの充当は当該別口座から行う、等の選択肢がある[1]。

　なお、GBPやソーシャルボンド原則（SBP）では、調達資金の内部追跡管理方法と資金の充当状況について、監査人またはその他の第三者機関の活用によって補完されることが望ましいとされている。

3　情報開示

　発行体は、金融商品取引法等に基づく一般的な開示に加えて、ESG債発行後の調達資金の使用方法等に関する開示を行うことが求められる。開示のタイミングとしては、一般的には、すべての調達資金が充当されるまでは少なくとも1年に1回、すべての資金が充当された後に大きな状況の変化があった場合は必要に応じて開示を行うことが求められる。

　開示の内容としては、(1)ESG債で調達した資金が充当されている各プロジェクトのリスト、(2)各プロジェクトの概要、(3)充当された資金の額、(4)ESGの観点から期待される効果（グリーンボンドの場合、グリーンプロジェクトがもたらすことが期待される環境改善効果等）、等により構成されることが望まれる。

1　環境省「グリーンボンドガイドライン　2017年版」2017年3月、23～24頁。

市場インフラ

ESG債を支えるインフラ的な存在として、インデックスおよび証券取引所について整理する。

1 インデックス

ESGに関連する債券のインデックスには、2種類ある。一つは、ESG債（現状では主にグリーンボンド）で構成したインデックスである（図表3－4参照）。インデックスにより、市場参加者はグリーンボンドの全体的な動きを比較的容易に把握することが可能になり、また、適格銘柄は流動性が向上する傾向にあることから、グリーンボンド市場の発展に寄与すると考えられる。

もう一つは、既存の債券インデックスを基にして、ESG格付等により銘柄構成のウェイティングを変更したインデックスである（図表3－5参照）。こちらは、株式等のESGインデックスでもみられる方法である。同インデックスのパフォーマンスを通じて、債券投資でESGの要素を考慮した銘柄選択を行うことの有効性等を把握することが可能になる。

2 ESG債と証券取引所

国によっては、債券が上場されることもあり、ESG債が上場債として発行されるケースもみられる。一方、持続可能な証券取引所イニシアチブ（SSE）によると、サステナビリティボンドの上場カテゴリーを有する証券取引所は2018年9月末時点で、世界で15カ所にのぼっている（図表3－6参照）[2]。

---

[2] 持続可能な証券取引所イニシアチブ（SSE）は、証券取引所がサステナブルな社会の構築に向けて、投資家や上場会社などのステークホルダーと協働しながら、主体的にその取組みを検討していく活動で、国連貿易開発会議（UNCTAD）、国連グローバル・コンパクト（UNGC）、国連環境計画・金融イニシアティブ（UNEP FI）、責任投資原則（PRI）により運営されている。同イニシアチブでは、サステナブル投資の促進、上場会社のESG情報の透明化を通じた企業価値の向上等を目的に、参加証券取引所間の情報交換やステークホルダーと協同した調査研究やイベント開催を行っている。

図表3－4　主なグリーンボンド・インデックスの概要

インデックス名	適格銘柄
ソラクティブ・グリーンボンド・インデックス	・気候債券イニシアチブ（CBI）のラベル付グリーンボンドであること ・残高1億ドル相当以上 ・償還まで6カ月以上 ・物価連動債、転換社債および地方債を除く
ブルームバーグ・バークレイズ・MSCIグリーンボンド・インデックス	・充当目的は、MSCIの6つの分類（代替エネルギー、省エネルギー、公害防止・管理、持続可能な水道、グリーンビルディング、気候変動対応）のうち、1つ以上に該当すること。一般目的債の場合、発行体の活動のうち、収益ベースで9割以上が6つの分類のうち1つ以上に該当すること ・国債、社債、政府機関債、証券化商品が対象（課税地方債を含む） ・各地域により元本および金利に関する適格通貨あり。各通貨別の最低発行額水準あり（例：3億ドル、350億円など） ・格付はムーディーズ、S&Pおよびフィッチの中間水準が投資適格級のもののみ対象 ・固定利付債のみ対象
S&Pグリーンボンド・インデックス	・債券の充当目的がグリーンプロジェクトである旨が公開されていること（発行体のウェブサイト、サステナビリティ・レポート、法的開示、公式届出、独立外部評価） ・CBIのラベル付グリーンボンドであること ・インデックスのリバランス日から償還まで1カ月以上 ・クーポンは、固定利付、ゼロクーポン、ステップ・アップ（スケジュールが前もって決定しているもの）、固定利付でその後変動利付となる組合せ、変動利付が対象 ・短期債、物価連動債およびストリップス債を除く
BofAメリルリンチ・グリーンボンド・インデックス	・債券の充当目的がグリーンプロジェクト（気候変動への対応および環境の持続可能性）のみであること（一般目的は対象外） ・社債および準政府債は含めるが、証券化商品および資産担保証券は対象外 ・ムーディーズ、S&Pおよびフィッチから平均で投資適格級の格付を取得していること

・少なくとも発行から償還まで18カ月以上で、リバランス日を基準に償還まで1カ月以上あること ・通貨要件あり（新興国通貨建ての場合、ユーロクリアで決済する場合のみ） ・各通貨別の最低残高水準あり（例：2.5億米ドル、200億円など）

出所：Solactive, *Guideline Relating to Solactive Green Bond Index,* 29 January 2018, p.8; MSCI, *Bloomberg Barclays MSCI Global Green Bond Index,* 2 June 2017; S&P Dow Jones Indices, *S&P Green Bond Index Methodology,* February 2018; Bank of America, *BofA Merrill Lynch Global Research Launches Green Bond Index,* 3 November 2014より野村資本市場研究所作成

　日本の動きとしては、東京証券取引所が2018年1月、TOKYO PRO-BOND Market[3]にグリーンボンド・ソーシャルボンドのためのプラットフォームを開設している[4]。プラットフォームには、発行体が任意にグリーンボンド・ソーシャルボンドに関する情報（調達資金の使途、発行後の継続的なレポーティング、外部機関によるレビュー等）を掲載することが可能となっている。2018年12月末時点で、国際協力機構（JICA）がソーシャルボンドに関する情報を掲載している。

　一方、日本の場合、公社債の売買のほとんどが取引所を介さない店頭取引によって行われているため、ESG債の上場事例は多くないが、TOKYO PRO-BOND Marketには2018年12月末現在、国際協力機構によるソーシャルボンドと中国銀行東京支店によるグリーンボンドが上場している。

　証券取引所は、ガイドラインの策定、市場の透明性の向上、ESG債のリス

---

[3] TOKYO PRO-BOND Marketは、2008年の改正金融商品取引法により導入された「プロ向け市場制度」に基づき、国内外のプロ投資家を対象に2011年に開設された債券市場。TOKYO PRO-BOND Marketに上場された債券は、特定投資家（いわゆる「プロ投資家」）および非居住者に購入が限られている。国内発行体にとっては起債期間が短縮され、海外発行体にとっては英文のみでの情報開示が可能になるなど債券発行の手続が簡素化された。投資機会の拡充や投資対象の多様化が進み、国内外の投資家にとってもメリットが発現した。
[4] 東京証券取引所「グリーンボンド・ソーシャルボンドのプラットフォームの概要」2018年1月22日。

図表3-5 主な債券関連ESGインデックスの概要

インデックス名	詳細
S&P ESG汎欧州先進国ソブリン債インデックス	・汎欧州先進国ソブリン債で構成されているS&P汎欧州先進国ソブリン債インデックスを基に、RobecoSAMによる各国のサステナビリティ評価が同インデックスに含まれた国の平均よりも高い国はオーバーウェイトとし、低い国はアンダーウェイトとする
ブルームバーグ・バークレイズ・MSCI ESG加重インデックス	・各種ブルームバーグ・バークレイズ債券インデックス（世界総合、米国総合、ユーロ総合、ポンド総合）を基に、MSCI ESG格付により、発行体ごとにウェイティングを変更
JPモルガン ESGインデックス	・JPモルガンの新興国債券市場におけるEMBIグローバル・ダイバーシファイド、GBI-EMグローバル・ダイバーシファイド、CEMBIブロード・ダイバーシファイドを基に、JPモルガンが算出するJESGインデックス・スコアの高い発行体をオーバーウェイトとし、低い発行体をアンダーウェイトとする。同一発行体であればグリーンボンドをオーバーウェイトにするほか、倫理的スクリーニングに基づき、石炭火力、タバコ、武器、その他国連グローバル・コンパクト（UNGC）の原則に違反する業種など、議論の対象になりやすいセクターを除外する

出所：S&P Dow Jones Indices and RobecoSAM, *S&P ESG Pan-Europe Developed Sovereign Bond Index Methodology*, May 2018; MSCI, *Bloomberg Barclays MSCI Fixed Income Indexes*, September 2017; J.P. Morgan, *J.P. Morgan Collaborates with Blackrock to Launch New ESG Suite of Indices: The J.P. Morgan ESG Index (JESG)*, 18 April 2018より野村資本市場研究所作成

トの作成、インデックスや上場投資信託（ETF）構築に向けた情報提供、ESG債に関する啓蒙活動等を通じて、ESG債市場等育成を支援することが期待されている[5]。

---

5 Sustainable Stock Exchanges Initiative, *How Stock Exchanges Can Grow Green Finance*, 16 November 2017, p.20.

図表３－６　サステナビリティボンドの上場カテゴリーを有する証券取引所等(抜粋)

国	証券取引所	サステナビリティに関するレポート	上場会社へのESGレポートの義務づけ	ESGレポートに関する書面でのガイダンスの提供	ESG関連トレーニングの提供	サステナビリティ関連指標の提供	サステナビリティボンドの上場カテゴリー
チリ	サンティアゴ証券取引所	○	―	○	○	○	○
コロンビア	コロンビア証券取引所	○	○	―	○	○	○
コスタリカ	コスタリカ証券取引所	○	―	○	○	―	○
エストニア	ナスダック・タリン	○	―	○	○	―	○
フィンランド	ナスダック・ヘルシンキ	○	―	○	○	―	○
イタリア	イタリア証券取引所	○	―	○	○	―	○
日本	日本取引所グループ	○	―	―	○	○	―
ラトビア	ナスダック・リガ	○	―	○	○	―	○
リトアニア	ナスダック・ビリニュス	○	―	○	○	―	○
ルクセンブルク	ルクセンブルク証券取引所	―	―	―	―	―	○
メキシコ	メキシコ証券取引所	○	―	○	○	○	○
ノルウェー	オスロ証券取引所	○	―	○	○	―	○
スロベニア	リュブリャナ証券取引所	―	―	―	―	―	○
南アフリカ	ヨハネスブルク証券取引所	○	○	○	○	○	○
スウェーデン	ナスダック・ストックホルム	○	―	○	○	―	○
英国	ロンドン証券取引所	○	―	○	○	○	○

注：2018年9月末時点。
出所：Sustainable Stock Exchanges Initiative, *2018 Report on Progress*, 23 October 2018, pp.34-36より野村資本市場研究所作成

〔野村資本市場研究所　江夏　あかね〕

第4章

ESG債の発行状況

ESG債の発行状況や事例

　ESG債は、グリーンボンドを中心に発行が進み、データ・事例ともに蓄積が進んできた。本章では、世界および国内のESG債の発行状況や事例について概観する。

世界のESG債の発行状況

1　グリーンボンド

　グリーンボンドは、第2章でも述べたとおり、欧州投資銀行（EIB）が2007年6月に発行した気候変動対策債が始まりとされている。当初は、世界銀行や国際金融公社（IFC）、アフリカ開発銀行（AfDB）等の国際機関が発行体の中心であったが、2012年頃から、地方公共団体、事業会社、金融機関等による発行も相次ぐようになり、発行体セクターの多様化が進んでいる[1]。

　グリーンボンドの発行状況については、英国の気候債券イニシアチブ（CBI）が独自の基準で集計している。CBIは、ラベル付グリーンボンドに加えて、ラベルなしでも売上高の95％超を気候関連の資産やグリーンプロジェクトから得ている企業が発行した債券を完全対応型（fully aligned）、75％から95％を得ている企業が発行した債券を強度対応型（strongly aligned）と名付けて、「気候変動対応債（climate aligned bond）」に含めている。また、グリーンボンドに関しては、調達資金の少なくとも95％がCBIの定めた気候債券タクソノミーに合致するグリーンプロジェクトに充当され、十分な情報が開示されている場合にのみ集計に含めている。

　同イニシアチブの調査に基づくと、2005年1月以降に発行され、2018年6

---

[1]　「ESG債市場の持続的発展に関する研究会」においては、グリーンボンド市場の拡大のきっかけについて、2014年3月に米国のトヨタモータークレジットコーポレーション（TMCC）が大型のグリーンボンドの発行を行ったこととの意見もあった。

月末時点で未償還の発行残高は約3,890億ドルにのぼる[2]。また、ラベルなしも含めた気候変動対応債全体の同時点の発行残高は約1兆4,500億ドルにのぼった。2018年のラベル付グリーンボンドの発行額は1,673億ドルであった[3]。グリーンボンドないし気候変動対応債の発行については、(1)充当事業は、再生可能エネルギー、低炭素建物および省エネルギー、クリーン輸送等が中心、(2)国別では、米国、中国、フランス等が中心、(3)中長期の償還年限が主流、(4)8割強の銘柄が投資適格級の格付を取得、(5)通貨別では、米ドル、ユーロ、人民元が中心、といった傾向がある（図表４－１参照）。

特に、国別内訳で上位になった３つの国についてみると、(1)米国では2014年頃から発行額が伸び始めたほか、地方債の発行額が比較的多い傾向がある（図表４－２、４－３参照）、(2)中国では2016年から発行額が急増し、発行体セクターでは金融機関が中心（図表４－４参照）、(3)フランスでは2013年から発行額が増加傾向にあったが、2017年にグリーン国債が発行されたこともあり、発行額が急増した（図表４－５参照）、といった特徴がある。

今後のグリーンボンドの発行見通しについて、経済協力開発機構（OECD）は、国際エネルギー機関（IEA）による２℃エネルギー投資シナリオを達成するためには、2035年までにグリーンボンドなどの気候変動対応関連債券の年間発行額が約6,200億～7,200億ドルに達する必要があると推計している[4]。一方、CBIは気候変動対応のために、2020年までにグリーンボンドの年間発行額が１兆ドルに達する必要があると表明している[5]。

---

[2] Climate Bonds Initiative, *Bonds and Climate Change: The State of the Market in 2018*, September 2018.
[3] Climate Bonds Initiative, *Green Bond Market Summary*, January 2019.
[4] Organisation for Economic Co-operation and Development, *Mobilising Bond Markets for a Low-Carbon Transition*, 19 April 2017, p.82.
[5] Climate Bonds Initiative, *Bonds and Climate Change: The State of the Market in 2018*, September 2018, p.31.

図表4－1　グリーンボンドおよび気候変動対応債の発行状況

[発行体セクター別発行額の推移（グリーンボンド）]

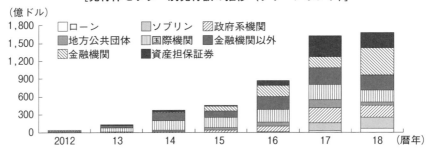

[国別内訳（グリーンボンド、上位10カ国および国際機関）]

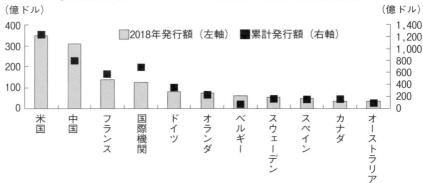

[償還年限の内訳（グリーンボンド）]

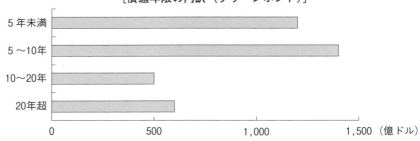

注：発行体セクター別発行額の推移、充当事業の内訳および国別内訳は、2017年末までの分の発行残高を対象。
出所：Climate Bonds Initiative, *Bonds and Climate Change: The State of the Market in 2019* より野村資本市場研究所作成

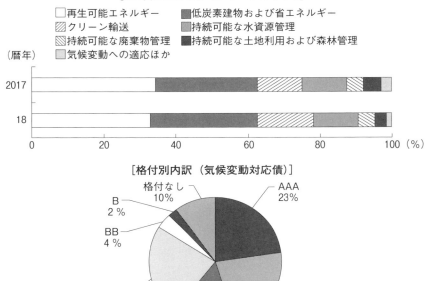

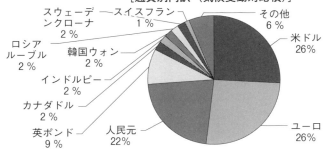

毎年の発行額を基にした数値。それ以外は、2005年1月1日〜2018年6月30日までの発行

2018, September 2018 ; Climate Bonds Initiative, *Green Bond Market Summary*, January

図表4-2　米国のグリーンボンド発行状況

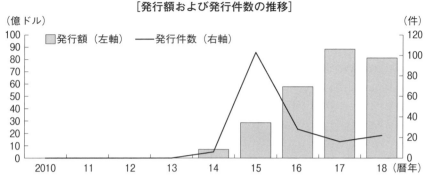

[発行額および発行件数の推移]

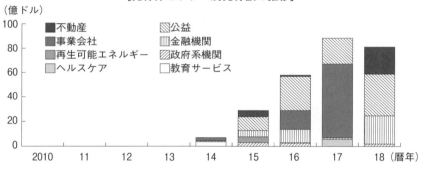

[発行体セクター別発行額の推移]

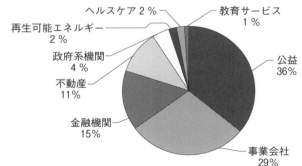

[発行体セクター別発行額の内訳]

注：発行額および発行件数（2018年12月末時点）は、ブルームバーグによるグリーンボンドの判定基準に基づく。証券化商品と米国地方債は含まない。ドル換算ベース。
出所：ブルームバーグのデータを基に野村資本市場研究所作成

図表4－3　米国地方債のグリーンボンド発行状況

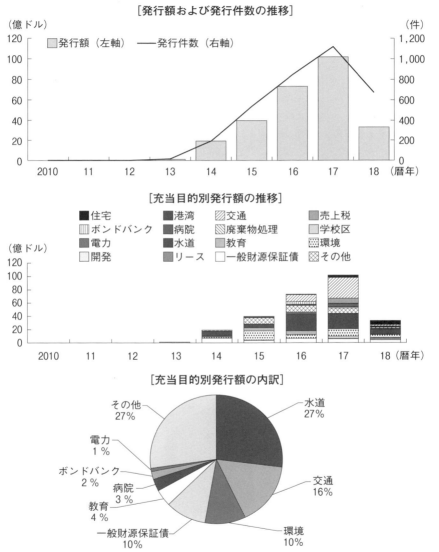

注：発行額および発行件数（2018年12月末時点）は、ブルームバーグによるグリーンボンドの判定基準に基づく。ドル換算ベース。
出所：ブルームバーグのデータを基に野村資本市場研究所作成

第4章　ESG債の発行状況　63

図表 4 － 4　中国のグリーンボンド発行状況

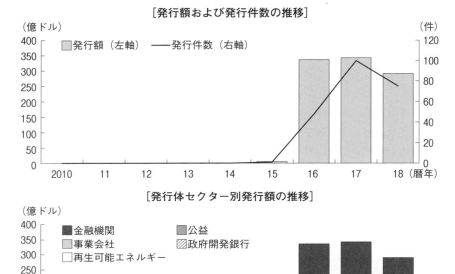

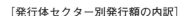

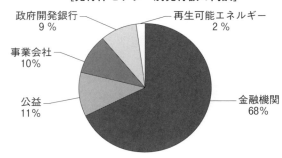

注：発行額および発行件数（2018年12月末時点）は、ブルームバーグによるグリーンボンドの判定基準に基づく。証券化商品は含まない。ドル換算ベース。
出所：ブルームバーグのデータを基に野村資本市場研究所作成

図表4－5　フランスのグリーンボンド発行状況

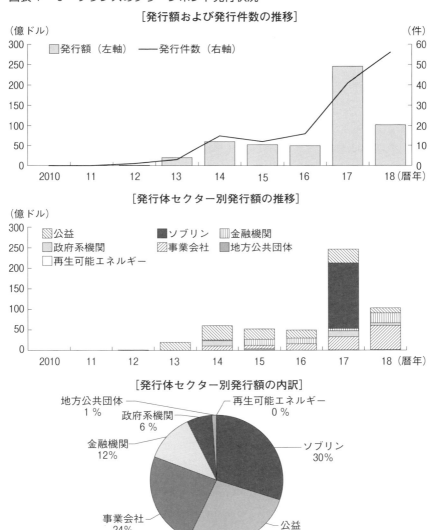

注：発行額および発行件数（2018年12月末時点）は、ブルームバーグによるグリーンボンドの判定基準に基づく。証券化商品は含まない。ドル換算ベース。
出所：ブルームバーグのデータを基に野村資本市場研究所作成

第4章　ESG債の発行状況　65

2　ソーシャルボンド

　ソーシャルボンドは、第2章でも述べたとおり、2006年11月に発行を開始した予防接種のための国際金融ファシリティ（IFFIm）によるワクチン債が初めての事例とされている。ソーシャルボンドの発行は、2014年頃までは国際機関が中心だったが、2015年頃から銀行、政府系機関等に発行体セクターが拡大していき、2018年には初めての事業会社（フランスの食品大手ダノン）による起債も実現した[6]（図表4－6参照）。発行額の内訳では、政府系機関が最も多く、国際機関、銀行と続いている。国別では、オランダが最も多く、国際機関、スペインと続いており、通貨別ではユーロが約8割を占めている。なお、加重平均償還年限は約8年となっている。

3　サステナビリティボンド

　サステナビリティボンドは、ブルームバーグのデータに基づくと、2008年12月にフランスのノール・パ・ド・カレー州（現オー・ド・フランス州）が初めて発行した（図表4－7参照）。発行体セクターは当初、地方公共団体、政府系機関、銀行が中心だったが、2016年5月に米国のスターバックスが起債して以降、事業会社、大学等にも広がっていった。国別では、オランダ、ドイツ、フランス等の欧州諸国が中心で、通貨別ではユーロが約3分の2を占めている。なお、加重平均償還年限は約8年となっている。

---

[6]　ダノンのソーシャルボンドについては、第12章を参照されたい。

図表 4 − 6　ソーシャルボンドの発行状況

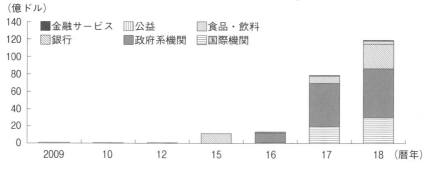

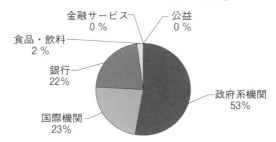

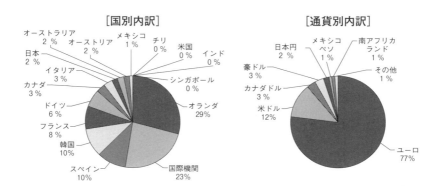

注：データ（2018年12月末時点）は、ブルームバーグによるソーシャルボンドの判定基準に基づく。ドル換算ベース。
出所：ブルームバーグのデータを基に野村資本市場研究所作成

第 4 章　ESG債の発行状況　67

図表4－7　サステナビリティボンドの発行状況

[発行体セクター別発行額の推移]

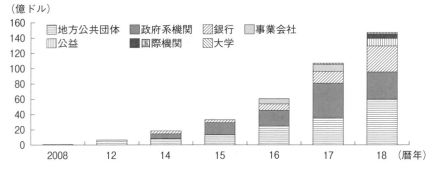

[発行体セクター別発行額の内訳]

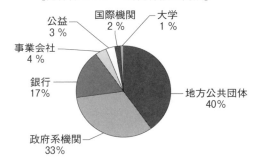

[国別内訳]　　　　　　　　[通貨別内訳]

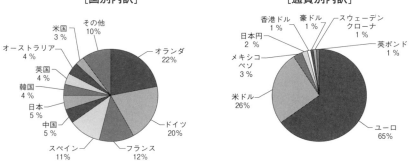

注：データ（2018年12月末時点）は、ブルームバーグによるサステナビリティボンドの判定基準に基づく。ドル換算ベース。
出所：ブルームバーグのデータを基に野村資本市場研究所作成

日本のESG債の発行状況

1　国内発行体による日本国内におけるESG債発行状況

　国内発行体による日本国内におけるESG債の発行は、2016年9月にソーシャルボンドを発行した国際協力機構（JICA）や同年同月にグリーンボンドを起債した野村総合研究所が最初であり、その後多くの発行体が取り組み始めている（図表4－8参照）。2018年12月末時点においては、⑴債券種別（発行額ベース）では、グリーンボンドが約6割、ソーシャルボンドが約4割で、サステナビリティボンドの起債はなし、⑵発行体セクター別発行額では、政府系機関が約5割、次いで2018年度に多くの発行体が起債したことから事業会社が4割弱を占める、⑶加重平均償還年限は約10.6年、⑷大部分の銘柄は外部評価を取得、⑸ほとんどが円建てだが、一部の発行体で外貨建てで発行する事例も存在する、といった特徴がみられた（図表4－9参照）。

2　国内発行体による日本国外におけるESG債発行状況

　国内発行体による日本国外におけるESG債の発行は、2014年9月にグリーンボンドを起債した日本政策投資銀行（DBJ）をはじめとして、すべて金融機関によるものである。2018年12月末時点においては、⑴債券種別（発行額ベース）では、日本政策投資銀行による起債は2014年9月発行のグリーンボンドを除きサステナビリティボンドで、それ以外の発行体はグリーンボンドを起債、⑵加重平均償還年限は約5年、⑶全銘柄で外部評価を取得、といった特徴が観察された（図表4－10参照）。

3　国外発行体による日本国内におけるESG債発行状況

　国外発行体による日本国内の機関投資家向け公募ESG債の発行は、2017年1月にグリーンボンドを起債したフランス電力（EDF）をはじめとして、2018年12月末現在で合計で4つの発行体が起債している。2018年12月末時点

図表4－8　国内発行体による日本国内におけるESG債発行状況

発行体	条件決定日	発行金額	充当事業	表面利率	償還年限	評価機関	種類
国際協力機構	2016年9月2日	200億円	有償資金協力事業（交通インフラ整備支援、災害による脆弱層に向けた支援、健康増進に向けた支援、社会経済開発に向けた支援等）	0.100%	10年	日本総合研究所	ソーシャル
		150億円		0.590%	30年		
	2017年2月3日	50億円		0.744%	20年		
	2017年6月22日	100億円		0.220%	10年		
		100億円		0.602%	20年		
	2017年9月1日	200億円		0.597%	20年		
	2017年12月1日	200億円		0.625%	20年		
	2018年6月22日	150億円		0.200%	10年（東京プロボンド）		
		100億円		0.559%	20年（東京プロボンド）		
	2018年9月6日	200億円		0.664%	20年（東京プロボンド）		
	2018年12月6日	150億円		0.636%	20年（東京プロボンド）		
野村総合研究所	2016年9月9日	100億円	横浜野村ビルの一部を信託財産とする信託受益権の取得および当該ビルに係る設備投資。横浜野村ビルは、環境への配慮がなされた不動産として複数の環境認証を取得ずみまたは取得予定	0.250%	10年	Vigeo Eiris／格付投資情報センター	グリーン
東京都	2017年10月20日	50億円	スマートエネルギー都市づくり等の環境対策事業	0.020%	5年	ISS-oekom（IIoekom research）	グリーン
		50億円		0.982%	30年		
	2017年11月24日	1.17億豪ドル		2.550%	5年（個人向け）		
	2018年10月19日	50億円		0.020%	5年		
		50億円		1.004%	30年		
	2018年12月6日	8,900万ドル		2.910%	5年（個人向け）		
鉄道建設・運輸施設整備支援機構	2017年11月17日	200億円	都市鉄道利便増進事業（神奈川県東部方面線）	0.230%	10年	イー・アンド・イーソリューションズ／日本格付研究所／Sustainalytics（環境省モデル発行事例）	グリーン
	2018年2月7日	245億円		0.630%	20年	—	
戸田建設	2017年12月8日	100億円	浮体式洋上風力発電事業	0.270%	5年	Sustainalytics／	グリーン

	2018年12月7日	50億円		0.250%	5年 (個人向け)	格付投資情報センター	
三菱UFJリース	2018年4月11日	100億円	太陽光発電向け融資事業	0.180%	5年	Sustainalytics	グリーン
日本リテールファンド投資法人	2018年5月11日	80億円	適格クライテリア（DBJ Green Building認証における3つ星以上またはCASBEE不動産評価認証におけるB+以上の評価を取得ずみまたは将来取得予定）を満たすグリーン適格資産	0.210%	5年	Sustainalytics／格付投資情報センター	グリーン
日本郵船	2018年5月18日	100億円	環境対応船の技術ロードマップで予定する投資（液化天然ガス〔LNG〕燃料船、LNG燃料供給船、バラスト水処理装置、SOx〔硫黄酸化物〕スクラバー等）	0.290%	5年	Vigeo Eiris／イー・アンド・イーソリューションズ／日本格付研究所（環境省モデル発行事例）	グリーン
三菱地所	2018年6月20日	200億円	「東京駅前常盤橋プロジェクト」A棟建設事業	0.090%	5年	Sustainalytics／イー・アンド・イーソリューションズ／日本格付研究所（環境省モデル発行事例）	グリーン
ジャパンエクセレント投資法人	2018年8月3日	40億円	グリーン適格資産である赤坂インターシティAIRの取得資金として借り入れた短期借入金の弁済資金の一部	0.630%	10年	Sustainalytics	グリーン
日本プロロジスリート投資法人	2018年8月10日	60億円	適格クライテリアを満たす資産（プロロジスパーク習志野5等）を取得した短期借入金の弁済資金の一部	0.660%	10年	Sustainalytics	グリーン
日本学生支援機構	2018年8月24日	300億円	第二種奨学金の資金	0.001%	2年	Vigeo Eiris	ソーシャル
	2018年10月19日	300億円		0.001%	2年		
商船三井	2018年8月24日	50億円	商船三井が策定したグリーンプロジェクト（バラスト水処理装置、SOxスクラバー、LNG燃料船、LNG燃料供給船、新型PBCF、ウインドチャレンジャー計画）	0.420%	5年	Vigeo Eiris	グリーン
	2018年8月24日	50億円		0.420%	5年（個人向け、商船三井ブルーオーシャン環境債）		
リコーリース	2018年8月31日	100億円	太陽光発電設備向けリース・割賦事業（既存の設備投資資金のリファイナンス）	0.190%	5年	日本格付研究所	グリーン
住友林業	2018年9月11日	100億円	ニュージーランド山林資産の取得に係る資金のリ	0.000%	5年	Vigeo Eiris	グリーン（転換社債）

第4章　ESG債の発行状況　71

				ファイナンス				
日立造船	2018年9月14日	50億円		受注して建設中のごみ焼却発電施設に係る資材購入等の費用としての運転資金	0.240%	3年	DNV GL	グリーン
東京センチュリー	2018年10月5日	100億円		子会社である「京セラTCLソーラー合同会社」が行う太陽光発電事業向け設備リース（既存の設備資金のリファイナンス）	0.200%	5年	格付投資情報センター	グリーン
ANAホールディングス	2018年10月18日	100億円		総合トレーニングセンター（仮称）の建設資金の一部	0.474%	10年	格付投資情報センター	グリーン
大林組	2018年10月19日	100億円		再生可能エネルギー事業における太陽光、陸上風力、バイオマスの各発電施設に係る資金および大型の着床式洋上風力発電設備に対応した自己昇降式作業台船（SEP）の建造、省エネルギー性能の高いグリーンビルディングの取得	0.130%	5年	格付投資情報センター／DNV GL	グリーン
丸井グループ	2018年10月19日	100億円		再生可能エネルギーからの電力100％調達に向けた取組み、温室効果ガス排出量削減に向けた省エネ活動、再生可能エネルギー発電プロジェクト	0.190%	5年	Sustainalytics	グリーン
大王製紙	2018年10月19日	150億円		難処理古紙の有効活用に関する設備、黒液を燃料とするバイオマスボイラーによる発電設備に対する投資	0.605%	7年	DNV GL	グリーン
	2018年10月19日	50億円			0.864%	10年		
ジャパンリアルエステイト投資法人	2018年10月26日	100億円		グリーン適格資産（芝二丁目大門ビルディング等）に係る資金（改修工事、借入金の返済資金）	0.230%	5年	Sustainalytics	グリーン
芙蓉総合リース	2018年10月26日	100億円		子会社が保有している既往の太陽光発電設備資金のために発行したコマーシャル・ペーパーの償還資金および子会社が建設中の太陽光発電設備の設備投資資金	0.210%	5年	日本格付研究所	グリーン
大和証券グループ本社	2018年11月22日	100億円		再生可能エネルギー発電プロジェクトへの投融資資金、グリーンビルディングに係る設備資金	0.230%	5年	Sustainalytics	グリーン
インベスコ・オ	2018年12月7日	55億円		グリーン適格資産である	0.580%	5年	Sustainalytics	グリーン

フィス・ジェイリート投資法人			恵比寿プライムスクエアの取得に要した借入金の返済資金				
三菱UFJフィナンシャル・グループ	2018年12月7日	1.2億ドル	J-REITが保有するグリーン適格不動産に相応する融資、赤道原則にのっとり環境・社会影響レビューを実施し適格性を認定した再生可能エネルギー・プロジェクト（太陽熱発電、太陽光発電、風力発電）向け融資	4.127%	10年	Sustainalytics	グリーン（TLAC）
GLP投資法人	2018年12月14日	51億円	グリーン適格資産（一定の要件を満たしたグリーンビルディング、再生可能エネルギー発電設備）の取得、取得に要した借入金の借換え、取得に要した発行ずみの投資法人債の償還	0.680%	10年	日本格付研究所	グリーン

注：2018年12月末時点。TLAC債とは、総損失吸収力債と訳され、世界の巨大銀行（G-SIBs）が金融危機に陥った場合に備えて、同銀行の持ち株会社が発行する社債。国際的な金融システムへの影響が大きい巨大銀行の破綻を救済する際、公的資金の注入等で納税者に負担がかかるのを防ぐための措置として、金融安定理事会（FSB）が新たに導入する規制に対応して発行される。あらかじめ損失を吸収できる規模の社債を発行しておき、破綻時にその社債の保有者が損失を負担する仕組みとなっている。
出所：各種報道等に基づき野村資本市場研究所作成

図表4-9 国内発行体による日本国内におけるESG債発行額の推移および内訳

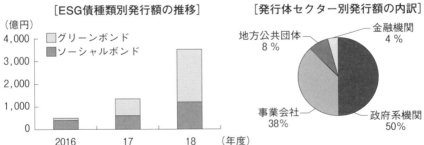

注：2018年12月末時点。条件決定日ベース。
出所：各種報道等に基づき野村資本市場研究所作成

図表 4 −10　国内発行体による日本国外におけるESG債発行状況

発行体	条件決定日	発行金額	充当事業	表面利率	償還年限	評価機関	種類
日本政策投資銀行	2014年9月30日	2.5億ユーロ	DBJ Green Building認証により3 Stars以上の認証が与えられた物件の建設または取得向け融資	0.250%	3年	DNV GL	グリーン
	2015年10月14日	3億ユーロ	DBJ環境格付融資によりC以上の格付が与えられた企業に対するファイナンス、DBJ Green Building認証により3 Stars以上の認証が与えられた物件の取得等に関するファイナンスなど	0.375%	4年	Sustainalytics	サステナビリティ
	2016年10月12日	5億ドル		2.000%	5年		
	2017年10月11日	10億ドル		2.500%	5年		
	2018年10月2日	7億ユーロ		0.875%	7年		
三井住友銀行	2015年10月14日	5億ドル	再生可能エネルギーおよび省エネルギー等の一定要件を満たす事業に対するファイナンス	2.450%	5年	KPMG	グリーン
	2018年12月7日	2.278億ドル		3.370%	4.5年	Sustainalytics	
	2018年12月7日	0.832億豪ドル		2.900%	4.5年		
三菱UFJフィナンシャル・グループ	2016年9月6日	5億ドル	再生可能エネルギー・プロジェクト（太陽熱発電、太陽光発電、風力発電）向け融資	2.527%	7年	Sustainalytics	グリーン（TLAC）
	2018年1月19日	5億ユーロ		0.680%	5年		
	2018年10月1日	5億ユーロ		0.980%	5年		
三井住友フィナンシャルグループ	2017年10月4日	5億ユーロ	再生可能エネルギーおよび省エネルギー事業等に対するファイナンス	0.934%	7年	Sustainalytics	グリーン（TLAC）
みずほフィナンシャルグループ	2017年10月10日	5億ユーロ	再生可能エネルギー、クリーンな運輸もしくは汚染の防止と管理事業向け融資で、赤道原則の評価上、カテゴリーBまたはCに分類されるもの	0.956%	7年	Sustainalytics	グリーン（TLAC）
三井住友信託銀行	2018年9月18日	5億ユーロ	一定の要件を満たすグリーンプロジェクトに対するファイナンス	3カ月Euribor+0.250%	2年	Sustainalytics	グリーン

注：2018年12月末時点。
出所：各種報道等に基づき野村資本市場研究所作成

においては、(1)債券種別（発行額ベース）では、ソーシャルボンドが6割弱で、約4分の1がサステナビリティボンド、2割弱がグリーンボンド、(2)加重平均償還年限は約7.3年、(3)フランスの銀行大手であるBPCE以外は、外部評価を取得、といった特徴がみられた（図表4−11参照）。

図表4－11　国外発行体による日本国内におけるESG債発行状況

発行体（国）	条件決定日	発行金額	充当事業	表面利率	償還年限	評価機関	種類
フランス電力（フランス）	2017年1月20日	196億円	再生可能エネルギー・プロジェクトおよび水力発電プロジェクト	1.278%	12年	Vigeo Eiris	グリーン
		64億円		1.569%	15年		
スターバックス（米国）	2017年3月10日	850億円	同社の倫理的調達プログラム（C.A.F.E.プラクティス）の基準を満たしていることを第三者機関から認証されたサプライヤーからのコーヒー調達等	0.372%	7年	Sustainalytics	サステナビリティ
BPCE（フランス）	2017年6月23日	245億円	教育、ヘルスケアならびに社会的活動分野の顧客向けローンの借換え	0.214%	5年（シニア優先）	—	ソーシャル
		235億円		0.367%	7年（シニア優先）		
		76億円		0.467%	10年（シニア優先）		
		25億円		0.689%	15年（シニア優先）		
	2018年1月18日	23億円		0.484%	10年（シニア優先）		
		237億円		0.734%	10年（シニア非優先）		
	2018年7月5日	661億円		0.645%	5年（シニア非優先）		
		400億円		0.989%	10年（シニア非優先）		
中国銀行東京支店（中国）	2018年11月22日	300億円	持続可能な水資源および排水管理、クリーン輸送	0.420%	3年（ユーロ円、東京プロボンド）	Ernst & Young/CBI	グリーン
		8億人民元		4.350%	2年（オフショア人民元、東京プロボンド）		

注：2018年12月末時点。国内公募債（売出債を除く）。
出所：各種報道等に基づき野村資本市場研究所作成

4 国際機関等による日本国内の個人向けESG債（テーマ債）発行状況

　国内市場においてはテーマ債という名称で、国際機関等が環境や社会開発等のプロジェクトへの充当目的を明示する債券に対して、主に個人投資家によるESG債投資が行われてきた。2000年代後半頃から始まった日本における個人向けテーマ債の発行は、世界銀行によるグリーンボンドや予防接種のための国際金融ファシリティ（IFFIm）によるワクチン債などの国際機関や政府系機関が発行体セクターの中心となっており、2018年12月末時点で、累計約126億ドル、260銘柄に達している（図表4－12参照）。個人投資家は、投資を通じた社会貢献の実現、外貨建て資産への分散投資等のメリットを背景に、魅力的な投資対象としてテーマ債を認識し、ESG投資を行ってきたといえる。国際機関による国内機関投資家向けの私募形態でのテーマ債の発行も近年増加している。

ESG債の発行事例

　日本におけるESG債の発行の歴史は欧米に比して浅いものの、これから発行を検討する発行体にとって参考になりうる事例がすでに複数出現してい

図表4－12　日本国内における個人向けテーマ債（国際機関等による外貨建て売出債）の発行状況

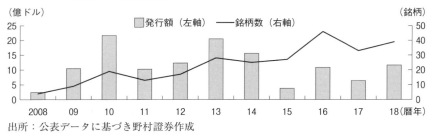

出所：公表データに基づき野村證券作成

る。本節では、(1)日本の発行体として初めてグリーンボンドおよびサステナビリティボンドを起債した日本政策投資銀行（DBJ）、(2)日本の事業会社として初めてグリーンボンドを起債した野村総合研究所、(3)日本の地方公共団体として初めてグリーンボンドを起債した東京都、(4)日本国内における社会的課題に対応する日本初のソーシャルボンドを起債した日本学生支援機構（JASSO）、(5)最近の一般事業会社による発行の代表的な例として、再生可能エネルギー事業等を資金使途としたグリーンボンドを起債した大林組、の事例を紹介する。

1　日本政策投資銀行（DBJ）によるSRI債（グリーンボンドおよびサステナビリティボンド）

　日本政策投資銀行（DBJ）は、日本の発行体としては初めてグリーンボンドおよびサステナビリティボンドを起債している[7]（図表4－10参照）。同行は、グリーンボンドとサステナビリティボンドを「DBJ社会的責任投資債（SRI債）」と位置づけて、毎年、海外市場にて発行している。

　その背景には、昭和40年代の公害対策以来、40年以上にわたり環境対策事業に取り組んできた蓄積がある。さらに、21世紀に入って2004年度に「DBJ環境格付」融資、2011年度に「DBJ Green Building認証」制度の運用を開始した。これらの環境や社会に配慮した投融資を資金調達に反映することを、欧州投資銀行（EIB）が世界初のグリーンボンドを起債した際から検討していたとされる。そして、(1)海外における環境投資に対する投資家のニーズの高まり、(2)国際資本市場協会（ICMA）による2014年1月のグリーンボンド原則（GBP）の公表等を契機に、日本の発行体として初となるグリーンボン

---

[7]　日本政策投資銀行のSRI債に関する記述は、日本政策投資銀行「DBJ社会的責任投資債（SRI債）」、松井泰宏・屋代顕「海外市場で本邦発行体初となるグリーンボンドの概要」『週刊金融財政事情』第65巻第46号、2014年12月8日、38～42頁、「サステナブルファイナンス大賞キーパーソンに聞く　①日本政策投資銀行・松田知樹財務部長．「SRI債（グリーンボンド）毎年発行へ」」『環境金融研究機構（RIEF）』2016年2月19日等、各種報道等に基づく。

ドを海外で発行することとし、2014年9月に起債を実現させた。

　グリーンボンドの対象アセットは、DBJ Green Building認証により「3 Stars」以上の認証が与えられた物件の建設または取得向けに、DBJにより実行された新規融資および／または既存の融資とした。また、外部評価をノルウェーの評価機関であるDNV GLより取得した。

　DBJは、グリーンボンドの起債にあたって、社会的責任投資への意識が高い投資家をメインターゲットとして考えていたが、それまで欧州投資家へのアクセスが限定的だったこともあり、発行通貨は欧州投資家が選好するユーロとした。DBJのグリーンボンドは、海外投資家が地理的分散の観点からも魅力を感じるもので、3倍以上の超過需要となるなど、金融市場にて順調に消化された。

　その後、2015年度に新しく対象アセットに追加されたDBJ環境格付融資が、企業の環境負荷低減へのコミットメントのみならずソーシャルの側面も考慮した認証制度であること等をふまえて、グリーンボンドではなく、サステナビリティボンドとして起債するようになった。サステナビリティボンドとして起債するようになってからは、外部評価はサステイナリティクスより

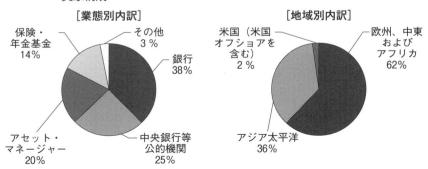

図表4－13　日本政策投資銀行のサステナビリティボンド（2018年10月発行）の投資家構成

出所：Development Bank of Japan, *DBJ Issued EUR 700m 4th Sustainability Bond - SRI Bond Issuance for Five Consecutive Years, Contributing to the Development of the Market*, 10 October 2018より野村資本市場研究所作成

取得している。また、通貨についても、金融市場の状況等に応じて、ユーロ建てもしくはドル建てで起債している。たとえば、2018年10月に起債したサステナビリティボンド（7年債、7億ユーロ）はユーロ建てで、投資家の業態としては銀行が中心、地域的には欧州、中東およびアフリカが中心の投資家構成だった（図表4－13参照）。

なお、DBJは、SRI債の発行以外にも、責任投資原則（PRI）に2016年12月に署名し、2017年1月にはICMAのGBPの発行体メンバーにも参加している。

2　野村総合研究所によるグリーンボンド

野村総合研究所は、日本の事業会社初となるグリーンボンドを2016年9月に起債した[8]。同社は、「未来創発」を企業理念に掲げるとともに、中期経営計画（2016～2018年度）でもESG／CSRへの取組みを強化する旨を公表しており、そのなかでグリーンボンドの発行が選択肢としてあがった。同社の組織体制のもとには、オフィス部門、サステナビリティ部門および財務部門を一手に担当する常務執行役員がいることもあり、グリーンボンドの発行について社内の意義づけや意思決定を円滑に進めることが可能となった。

野村総合研究所のグリーンボンドの資金使途は、同社が入居を予定していた横浜野村ビルの信託受益権の取得と当該ビルへの設備投資とした。横浜野村ビルは、資金調達時には建設中であったが、環境ビルディング認証であるCASBEEやLEED等を取得する予定（その後、CASBEE：Sランク、LEED：Gold、DBJ Green Building認証：5つ星を取得ずみ）となっていた。野村総合研究所がオフィスとなる横浜野村ビルを資金使途とした背景には、オフィス分野でのグリーンボンドの活用ならば、他の日本企業にとっても応用可能なパターンになるのではないかとの考えがあったと説明されている。

---

[8]　野村総合研究所のグリーンボンドに関する記述は、野村総合研究所「NRIグリーンボンド」、「【インタビュー】野村総合研究所の国内事業会社初グリーンボンド発行。野村総合研究所と野村證券が語るストーリー」『Sustainable Japan』2016年12月29日等、各種報道等に基づく。

野村総合研究所のグリーンボンドは、金融商品取引法に定める発行登録制度を利用している点も国内初の事例である。まず、訂正発行登録書においてグリーンボンドの起債準備やセカンドオピニオンの取得を公表し、その後、発行登録追補書類においてグリーンボンドを発行するというスキームを構築した。同社の起債以後、国内の発行事例のほぼすべての発行体が当該発行スキームを用いている。

　グリーンボンドの発行にあたっては、欧州の評価機関であるヴィジオ・アイリス（Vigeo Eiris）と日本の格付投資情報センター（R&I）の２社に評価を依頼した。野村総合研究所は、グローバル基準の正統なグリーンボンドとするため、ICMAのGBPに則し、発行体のESG状況、プロジェクト（社債のグリーンボンドとしての適格性）、レポーティングといった３点から評価を行うヴィジオ・アイリスにセカンドオピニオンを依頼した。評価機関への回答の実務面では、気候変動の評価で網羅的に質問を受けるCDP[9]による調査への対応、運用面に関する回答では、野村総合研究所独自の環境マネジメントシステム（NRI-EMS）が役立った。一方、発行体のガバナンスに関する回答は、欧米と日本の慣行が異なることから説明に苦労し、最終的には国際基準では限定的だが、国内基準では良好といった２段階での評価を受けた[10]（なお、発行体のガバナンス評価〔国際基準〕以外は、発行体・プロジェクトともにすべてで良好との評価となった）。ちなみに、ヴィジオ・アイリスによるプロジェクトの評価は、建設段階のみならず、建設後の運用段階の評価がある

9　CDPは、旧カーボン・ディスクロージャー・プロジェクト。世界の機関投資家の支持を得て、気候変動、水、森林に関して世界の企業に情報開示を求めている。詳細は、第１章を参照されたい。

10　海外では、委員会等設置会社型のガバナンスが一般的だが、日本では監査役会設置会社が多い。監査役会設置会社のガバナンス等の制度は通常であれば、限定的と判断される。しかし、野村総合研究所では、日本の状況を根気よく説明し、最終的には国際基準・国内基準といった２段階で記載をするという方法で評価を受けた。（「【インタビュー】野村総合研究所の国内事業会社初グリーンボンド発行。野村総合研究所と野村證券が語るストーリー」『Sustainable Japan』2016年12月29日、ヴィジオ・アイリス「野村総合研究所が発行するグリーンボンドのサステナビリティに関するセカンドオピニオン」2016年９月）

が、野村総合研究所では、統合レポートやウェブサイト上で、プロジェクトの状況に加え、対象施設の環境評価について毎年度開示している[11]。

一方、野村総合研究所はセカンドオピニオンに加え、R&Iによるグリーンボンドアセスメントも受けている。R&Iの「グリーンボンド評価の枠組みをつくることで、海外に比べて遅れているグリーンボンドの普及を後押ししたい」というサービス開発の目的が、野村総合研究所のグリーンボンド発行目的とも合致したことに加え、R&Iのサービスインとタイミングも合致したことにより、国内第1号として評価を受けることを決めたという。野村総合研究所のグリーンボンドは、同アセスメントの5段階評価のうち、最高位となる「GA1」を取得した[12]。

野村総合研究所は、グリーンボンドの起債にあたって、外部評価の取得のみならず、機関投資家に慎重に魅力を伝えた。その結果、保険会社や信託銀行など中央の大手の機関投資家を中心に、通常の社債以上に高い関心を惹きつけ、発行体として妥当と考える水準で発行条件が決定した。

野村総合研究所は、日本の事業会社として初のグリーンボンドの起債を通じて、多くの事業会社から問合せを受けたようだ。日本においては、2018年度から事業会社によるグリーンボンドの起債も増えており、そのなかには野村総合研究所のグリーンボンドのようにグリーンビルディングを充当プロジェクトとする事例もみられる。

3　東京都によるグリーンボンド

欧米の地方公共団体においては近年、グリーンボンドの発行を行う事例が増加している。東京都は、日本の地方公共団体としては唯一、2017年度から

11　野村総合研究所「NRIグリーンボンド」。
12　格付投資情報センター「【R&Iグリーンボンドアセスメント】株式会社野村総合研究所　第3回無担保社債（別称：NRIグリーンボンド）：GA1」2016年9月9日。

グリーンボンド(「東京グリーンボンド」)を発行している[13]。

東京都の小池百合子知事は2016年10月、日本の機関投資家が海外の地方公共団体によるグリーンボンドに投資した事例に触れたうえで、日本の投資資金が他国の環境政策に使われているが、東京が発行することで東京の環境を日本の資金でよくしていきたい、と述べ、グリーンボンドの発行を検討していることを明らかにした[14]。なお、東京都は、「国際金融都市・東京」構想を2017年11月に策定しており、そのなかで、(1)2017年度中に、第三者機関の評価を受けた「東京グリーンボンド」を総額200億円規模で発行、(2)2018年度には、金融リテラシーの向上に向けた取組みの一環として、グリーンファイナンスの普及啓発を図っていく、といった具体策をあげている[15]。

東京都は、2002年度から住民等を対象とした住民参加型市場公募地方債を発行してきた経緯があるが、2016年度についてはグリーンボンドのトライアルとして「東京環境サポーター債」(1.25億豪ドル)を個人向け都債として発行した。この経験をふまえ、2017年2月に「グリーンボンドの発行方針」を策定・公表し、この方針に沿って、適格性と透明性を確保し、投資家に対して訴求力のある本格的なグリーンボンドとするため、2017年8月にドイツの調査機関であるイーコム・リサーチ(oekom research AG、現ISS-oekom)より評価を取得した。評価書には、「東京グリーンボンド」の対象事業は、社会面・環境面で価値があり、持続可能性も良好等の内容が記されていた[16]。また、同機関の特徴でもあるが、発行国である日本の持続可能性に関するパ

13　東京都のグリーンボンドに関する記述は、東京都「IRライブラリー：東京グリーンボンド」、『『2017年サステナブルファイナンス大賞』受賞企業インタビュー⑤　特別賞の東京都。『自治体初のグリーンボンドを発行。東京の国際金融都市化を宣言』」『環境金融研究機構(RIEF)』2018年3月13日等、各種報道等に基づく。
14　「『環境債』発行、都が計画、小池知事、金融と両面でアピール」『日本経済新聞』2016年10月3日。
15　東京都『「国際金融都市・東京」構想―『東京版金融ビッグバン』の実現へ―」2017年11月、20頁。
16　oekom research AG「持続可能性に関する品質評価　東京グリーンボンド」2017年8月23日、ISS-oekom「持続可能性に関する品質評価　東京グリーンボンド」2018年7月20日。

図表 4 −14　東京グリーンボンドの投資表明投資家（業態別）

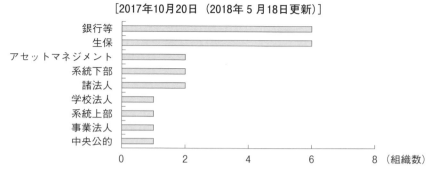

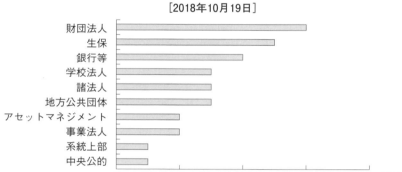

注：系統上部は、系統金融（信用金庫、信用組合、農協、労働金庫等）の上部機関。系統下部は、全国の信用金庫、信用組合、農協、労働金庫等の系統金融機関。諸法人は、財団法人、学校法人、医療法人、宗教法人、生協、共済組合、民間企業の厚生年金等。中央公的は、公的金融機関、官公庁共済、独立行政法人、民営化過程にある金融機関等。
出所：東京都「東京グリーンボンドについて」より野村資本市場研究所作成

フォーマンスが、カントリー・レイティングとして示された[17]。

また、通常の都債発行プロセスになかった工程としては、機関投資家に関

17　同社のカントリー・レイティングは、A＋（excellent）からD−（poor）までの段階があり、日本は2017年8月23日時点でB−（prime）、2018年7月20日時点でC＋と分類されている。（oekom research AG「持続可能性に関する品質評価　東京グリーンボンド」2017年8月23日、25頁、ISS-oekom「持続可能性に関する品質評価　東京グリーンボンド」2018年7月20日、28頁）

しては投資表明のプロセスがあげられる。発行体による投資家訪問や、証券会社によるセールス活動のなかで、投資家に投資表明についての意向確認等を行い、通常の都債の投資家以外も含めて多くの投資家の共感を得ることができたほか、2年目の2018年度にはリピーターとなる投資家も出現した[18]（図表4-14参照）。また、個人向けに関しては、調達資金の充当予定となっている自然環境の保全などの環境事業の情報を入れた「グリーンボンドカード」を作成、購入者に配布したほか、個人投資家を招待した資金充当事業の見学会も開催した。

図表4-15 東京グリーンボンド（2018年度）による充当予定事業

項目	スマートエネルギー都市づくり	持続可能な資源利用・廃棄物管理	自然環境の保全	生活環境の向上	気候変動への適応
詳細	・競技施設の環境対策(注1) ・都有施設の改築・改修(注1) ・都有施設・道路の照明のLED化 ・都有施設のZEB化(注2)推進 ・上下水道施設の省エネ化 ・自転車走行空間の整備	・競技施設の環境対策	・競技施設の環境対策 ・都有施設の改築・改修 ・公園の整備	・競技施設の環境対策 ・ヒートアイランド現象に伴う暑熱対応（遮熱性・保水性の向上） ・環境にやさしい都営バスの導入 ・合流式下水道の改善	・中小河川の整備 ・高潮防御施設の整備 ・東京港・島しょ海岸保全施設整備事業

注1：「競技施設の環境対策」および「都有施設の改築・改修」は、複数区分にまたがるため再掲表示。
注2：Net Zero Energy Buildingの略称。建築物における一次エネルギー消費量を、省エネルギー性能向上や再生可能エネルギーの活用等により削減し、年間消費量が正味でゼロまたはおおむねゼロとなる建築物。
出所：東京都財務局「東京都の財政状況と都債（本編）」2018年10月、23頁

---

[18] 2018年度にリピーターとなった投資表明投資家は、13組織。（東京都「IRライブラリー：東京グリーンボンドについて」）

「東京グリーンボンド」は、2017年度、2018年度ともに機関・個人投資家向けに総額200億円相当を発行している（図表 4 － 8 参照）。東京都は多方面において環境施策に取り組んでいるが、そのなかから環境への好影響が大きいと想定される事業等をグリーンプロジェクトに選定しており、毎年度、資金の充当予定および充当結果、想定される環境効果をわかりやすく開示している[19]（図表 4 －15参照）。

　東京都は、東京グリーンボンドの発行意義として、グリーンボンド市場への他の発行体の参入促進等もあげている（図表 4 －16参照）。東京都以外の日本の地方公共団体は2018年12月末現在、グリーンボンドの起債を行っていないが、東京グリーンボンドが継続発行され、東京都にとって環境施策の推進、安定的な資金調達手段、投資家層の拡大等のメリットが創出され続けれ

図表 4 －16　東京グリーンボンドの発行意義

1	都民や企業のグリーンボンドへの投資を通じた後押しにより、スマートシティの実現を目指す都が、新たな環境施策を強力に推進
2	国内自治体として初となるグリーンボンドの発行を通じて、グリーンボンド市場の活性化と他発行体の参入促進につなげるとともに、国内の貴重な資金が国内の環境対策に向かって活用される流れを創出
3	個人投資家に対して、都の環境事業に積極的に関与してもらうための投資機会を提供することにより、事業への理解を通じて、都民のオーナーシップ意識を喚起
4	機関投資家に対して、社会的責任を果たすための投資機会を提供することにより、企業の環境配慮意識の醸成に寄与するとともに、社会的な評価を受けられる環境の整備を促進
5	発行体としての都が新たな投資家にアクセスすることが可能となり、投資家層を多様化する

出所：東京都財務局「東京都の財政状況と都債（本編）」2018年10月、23頁

19　東京都財務局「平成29年度東京グリーンボンドに係る充当予定事業の決定について」2017年10月11日、東京都財務局「平成30年度東京グリーンボンドに係る充当予定事業の決定について」2018年 9 月10日、東京都財務局「平成29年度東京グリーンボンド対象事業への資金充当結果について」2018年12月21日。

ば、金融市場におけるESG投資への注目の高まりも相まって、他の地方公共団体が将来的に追随する可能性もあると予想される。

4　日本学生支援機構（JASSO）によるソーシャルボンド

　ソーシャルボンドについては、第2章でも述べたとおり、国際協力機構（JICA）が日本の発行体として初めて2016年9月に起債しているが、充当事業は開発途上国における有償資金協力事業となっている。日本学生支援機構（JASSO）は、日本国内における社会的課題に対応する日本初のソーシャルボンドを2018年8月に発行開始した[20]。

　日本学生支援機構は、前身の日本育英会時代の2001年度から、財投機関債を発行していたが、2018年8月に起債した第52回債より、財投機関債をソーシャルボンドとして発行することとした。財投機関債の資金使途は、第二種奨学金（利息付奨学金）の在学中資金で、第二種奨学金の貸与事業は、持続可能な開発目標（SDGs）の目標4「すべての人に包摂的かつ公平で質の高い教育を提供し、生涯学習の機会を促進する」の達成に貢献するものとなっている。

　日本学生支援機構は、第三者から評価を取得し、ソーシャルボンドとして発行することによって、同機構が行う奨学金の社会貢献性について投資家の理解を深め、今後の安定発行につなげていきたいと考え、財投機関債のソーシャルボンドとしての発行を決断するに至った。また、ソーシャルボンドの発行に際して発生するレポーティングについては、既存の枠組み（独立行政法人として業務実績等報告書を作成し、主務大臣である文部科学大臣に提出）のなかで、奨学金貸与事業の状況を報告するため、追加的な業務は発生しない見込みとの考えを示している。

20　日本学生支援機構のソーシャルボンドに関する記述は、日本学生支援機構「ソーシャルボンド」、「【インタビュー】日本学生支援機構、国内社会的課題に対応の初のソーシャルボンド発行予定─奨学金制度の状況─」『Sustainable Japan』2018年8月16日等、各種報道等に基づく。

図表 4-17 日本学生支援機構のソーシャルボンドの投資表明投資家（業態別）

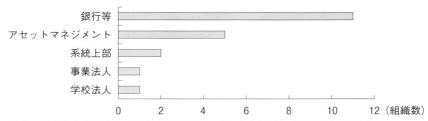

出所：日本学生支援機構「投資表明投資家一覧」より野村資本市場研究所作成

　同機構は、セカンドオピニオンの評価機関として、ヴィジオ・アイリスを選定した。これは、債券レベル（発行体のサステナビリティに関する戦略と本債券発行との一貫性およびソーシャルボンド原則への適合状況）のみならず、発行体レベル（組織としてのESGパフォーマンスの評価等）の評価も行われること等が背景にある[21]。セカンドオピニオン取得にあたっては、資金調達に携わる財務部内のみならず、必ずしも財投機関債になじみが深いわけではない奨学金業務を担当する部門や機構の運営や人事を取りまとめる部門等の協力を求めることとなり、その結果、財務部以外の職員にも、ソーシャルボンドやセカンドオピニオンとは何かということを周知することができたとしている。

　日本学生支援機構のソーシャルボンドは、通常の財投機関債としての投資家以外にも広く受け入れられるなど、同機構の投資家層の拡大に寄与した（図表4-17参照）。ソーシャルボンドは、世界的にみると、政府系機関が発行体セクターとして占める割合が最も多い（図表4-6参照）。日本でも今後、政府系機関を中心に、日本学生支援機構等の事例をふまえて、ソーシャルボンドの発行を検討する発行体が出現する可能性があると考えられる。

21　ヴィジオ・アイリスは、セカンドオピニオンにおいて、ESGパフォーマンスの評価尺度を、先進的、良好、限定的、劣るの4段階で行っている。日本学生支援機構のソーシャルボンドの評価で、発行体レベルに関して、「日本学生支援機構のESGパフォーマンスは全体として良好な水準」と評価している。

5　大林組によるグリーンボンド

　2018年度に入って、国内市場における発行体、投資家等によるESGへの関心の高まりを背景に、国内事業会社によるグリーンボンド発行が活発化している。大林組は2011年2月、中長期環境ビジョン「Obayashi Green Vision 2050」を策定し、「低炭素社会」実現のためのアクションプランとして、「再生可能エネルギー事業」「環境配慮型開発事業」などを推進している。これらのESGへの積極的な取組みについて、ステークホルダーに対してよりいっそうの理解を図るため、建設会社としては戸田建設に続き、特に大手総合建設会社（スーパーゼネコン）としては初のグリーンボンドを2018年10月に発行した[22]。

　グリーンボンドの資金使途は、再生可能エネルギー事業とグリーンビルディングである。再生可能エネルギー事業については、既存の太陽光発電所および陸上風力発電所の建設費について、一時借入金等でつないでいた資金の借換資金と、洋上風力発電の風車等を設置する際の作業台船である自己昇降式作業台船（SEP）の建造費となっている。一方、グリーンビルディングについては、電力消費を抑制する等の省エネルギーによる環境対応機能を備えた同社グループの賃貸オフィスビルとなっている。

　特に、SEPについては、今後拡大が期待される洋上風力発電所の建設に不可欠であるものの、国内では台数が不足している。今回建造されるSEPは、国内初の発電容量10MWクラスまでの大型着床式洋上風力発電設備を導入する発電所の建設を可能としている。国内の洋上風力発電発展のための意義に加え、欧州と異なり他用途への転用の可能性が少ない旨を確認することで外部評価を得ている。

　国内の格付会社であるR&Iに加え、ノルウェーに本拠を置く評価機関DNV GLビジネス・アシュアランス・ジャパンの2社が外部評価を提供して

---

[22]　大林組のグリーンボンドに関する記述は、大林組「大林組グリーンボンド」、大林組「大林組グリーンボンド　発行登録追補目論見書」2018年10月等、各種報道等に基づく。

おり、GBP2018およびグリーンボンドガイドライン2017年版への適合性を確認している。

グリーンボンドの発行にあたっては、起債を対外的に公表した後、デットIRと呼ばれる起債に関する個別投資家への説明を2日間にわたって実施している。デットIRは、グリーンボンドの起債においてはマーケティング活動として行われており、投資家に対してグリーンボンドに関して資金使途等の内容を伝えることを通じて、投資家によるESGの側面での投資判断の一助となることが目的である。

通常の普通社債においては、一般的に発行登録制度を利用した包括的な起債の開示が行われており、社債の投資家は、発行登録されている内容に基づいて投資を判断している。しかし、グリーンボンドに関しては発行登録されている包括的な開示では情報が不足しており、投資家によって資金使途等の詳細な内容の提供が求められることもある。そのため、発行体は、発行登録による包括的な情報を補う開示を行うほか、個別投資家への説明も実施するといった、丁寧なマーケティング・プロセスをとっている。大林組のグリーンボンドについては、生損保、年金等の機関投資家を中心に発行額を上回る需要を集め、金融市場で円滑に消化されたようだ。

大林組によるグリーンボンド発行に向けた丁寧なマーケティング・プロセスは、今後、発行を準備する発行体にとっても参考になるだろう。

〔野村資本市場研究所　江夏　あかね〕

> **コラム**
>
> ### 中国グリーンボンド市場の発展の鍵を握る「トップダウン」による支援策
>
> グリーンボンドは、2000年代後半に誕生し、欧米での発行が中心だったが、2016年頃から中国の発行体等による発行が堅調に伸びており、2018年の発行額は米国に次いで2位になっている。野村資本市場研究所では2018年11月、北京

および上海にて中国のグリーンボンド市場関連調査を実施し、金融機関、規制当局、学者等の専門家を訪問した。

調査において多くの専門家が共通して述べていたのは、中国グリーンボンド市場の発展は、中国政府が環境対策を重点政策と位置づけ、「トップダウン」でグリーンファイナンスを推進してきたことが背景という点だった。中国の金融市場は、複数の主体によって管理・監督されており、発行体や投資家に対してグリーンボンドの発行や投資を促進するさまざまな施策が講じられている[1]。具体的には、江蘇省によるグリーンファイナンスに関する支援推進策といった財政面での支援に加え、中国人民銀行によるグリーンボンド等の適格担保化や上海証券取引所等によるグリーンボンドに関する迅速な審査プロセス等、政府が直接的に財政負担をするかたちではないが、発行体・投資家等に対してグリーンボンド市場への参加を促す支援策が重層的に導入されている。

一方、中国のグリーンボンドに関してしばしば話題にのぼることとして、グリーンボンドの資金使途等について、中国国内基準（中国人民銀行による適格プロジェクトのカタログ等）と国際的に浸透している基準（国際資本市場協会〔ICMA〕によるグリーンボンド原則〔GBP〕等）との間に乖離があることがあげられる。気候債券イニシアチブ（CBI）によると、中国の発行体等によるグリーンボンドの発行額（2016〜2018年）のうち、国際基準に適合していたものは全体の6〜7割程度であった。中国国内基準と国際基準の主な違いは、(1)グリーンの定義（中国国内基準には、高効率石炭火力発電〔クリーンコール〕および石炭火力の効率性改善等の国際基準にないプロジェクトが含まれている）、(2)調達資金の充当割合（国家発展改革委員会の規制では調達資金の50％までは銀行借入れの返済および運転資金への充当が可能だが、国際基準では調達資金のすべてをグリーンプロジェクトや資産に充当することが求められている）、(3)開示（国際基準では発行時に計画している資金使途の開示が求められるが、中国国内基準では必ずしも求められていない）、があげられる。現地調査では、将来的に中国国内基準と国際基準の互換性を確保する取組みを行う動きがあるものの、石炭産業に経済を大きく依存している地域もあり、短期的にはむずかしいとの見方をする専門家が大部分だった。

中国のグリーンボンドをめぐっては、上記のような国際基準との相違点が注目を集める傾向にあるものの、冒頭で述べたとおり、国際基準を満たす発行額のみでも世界第2位の規模となっている。今後も中国におけるグリーンボンドの発行・投資状況やグリーンボンド市場の成長を支える仕組み等が、日本を含

めた世界各国から注目される状況が続くと想定される。

〔野村資本市場研究所　江夏　あかね〕

1　中国のグリーンボンドに関する支援策については、第6章も参照されたい。

第5章

ESG債の投資家層の動きと ESG債ファンド

ESG債市場を支える投資家の動向

　国内外でESG債市場が拡大してきた背景には、ESG債に投資する投資家層が広がってきたという要因もある。また、投資家が投資しやすいESG債ファンドの設定が進んだことも、ESG債市場の拡大に貢献している。本章では、ESG債の投資家層の動向と、ESG債ファンドの設定状況について概観する。

パリ・グリーンボンド宣言（PGBS）

　ESGをめぐっては、世界各国の投資家によるさまざまなイニシアチブがあるが、ESG債に関するものとしては、パリ・グリーンボンド宣言（PGBS）が知られている[1]。同宣言は、総運用資産約11.2兆ドルにのぼる27カ国の機関投資家が2015年12月にまとめたもので、長期にわたって持続可能な世界のグリーンボンド市場の発展を促す政策を支持することを謳っている。

　パリ・グリーンボンド宣言では、グリーンボンドへの投資を促進すべく、(1)政府に対しては、政策、規制、リスク軽減、保証、税額控除等の仕組みを通じたグリーンボンドの発行の支援、(2)業界専門家等に対しては、グリーンボンドの充当事業が気候変動にもたらす影響と便益に関する明確な基準の開発、(3)発行体に対しては、調達資金の使途およびインパクトに関する透明性の確保、を求めている。今後これらの要請が実現することで、投資家層がさらに拡大することが期待される。

1　たとえば、ESG関連の投資家によるイニシアチブとして知られているClimate Action 100＋は、責任投資原則（PRI）と、気候変動対応を企業に求める４つの世界機関投資家団体（IIGCC、Ceres、IGCC、AIGCC）が2017年９月に発足させた気候変動対応を世界規模で推進するための５カ年イニシアチブ。同イニシアチブは、各機関が結束し、機関投資家が企業に対して気候変動対応に関する集団的エンゲージメントを行うことを目的としている。

グリーンボンドの投資家層

　責任投資原則（PRI）に署名した投資家の運用資産総額は、約89兆ドルにのぼっており[2]、グリーンボンドの投資家層も大手機関投資家から、ESGやSRIの専門投資家、個人に至るまで、多岐にわたっている（図表5－1参照）。大手機関投資家のなかには、チューリッヒ保険（累計50億ドル、2017年11月）、ドイツ銀行（累計10億ユーロ、2015年2月）やドイツ復興金融公庫（KfW、累計20億ユーロ、2017年5月）のように、グリーンボンドへの投資宣言を行っている事例もある[3]。

図表5－1　グリーンボンドの主な投資家層と投資家の例

種　類	例
大手機関投資家	アムンディ（仏資産運用会社）、アビバ（英保険会社）、ブラックロック（米資産運用会社）、ステート・ストリート（米金融機関）、チューリッヒ保険、ドイツ銀行、ドイツ復興金融公庫等
ESGやSRIに特化した投資家	ナティクシス（仏金融機関）、ミロヴァ（ナティクシスの責任投資運用子会社）、アクティアム（蘭資産運用会社）等
企業資金管理部門	バークレイズ（英金融機関）、アップル（米IT）等
国・地方公共団体	ペルー中央銀行、カリフォルニア州財務局等
個人投資家	世界銀行によるグリーンボンド（メリルリンチ・ウェルス・マネージャーやモルガン・スタンレー・ウェルス・マネージャー等を通じて）、国際金融公社（IFC）およびソーラーシティ（米太陽光発電設置）によるグリーンボンド（インキャピタル〔米大手投資銀行〕を通じて）

出所：Climate Bonds Initiative, *Investor Appetite*の記述を参考に野村資本市場研究所作成

2　Principles for Responsible Investment（PRI）, *Annual Report 2018*, September 2018.
3　カッコ内は、投資目標額および表明時期。チューリッヒ保険は、インパクト投資の投資目標額。（Zurich Insurance, *Zurich Increases its Commitment to Impact Investments and Introduces Impact Targets*, 23 November 2017; Deutsche Bank, *Deutsche Bank Invests EUR 1 billion in Green Bond Portfolio*, 20 February 2015; Kreditanstalt für Wiederaufbau, *KfW Green Bond Portfolio*）

一方、日本の投資家もグリーンボンドへの投資を積極化している。たとえば、日本生命保険は、中期経営計画（2017～2020年度）におけるESG債等への投融資の数量目標を7,000億円としており、フランスのパリ市のグリーンボンド、英国ロンドン交通局の環境配慮型債券および東京都のグリーンボンドへの投資を行ったこと等を公表している[4]。また、第一生命保険は、国際開発金融機関が発行する社会貢献型債券に加え、東京都や鉄道建設・運輸施設整備支援機構の発行するグリーンボンドへの投資を行ったこと等を公表している[5]。

年金基金の動き

　グリーンボンドの投資家として年金基金は重要な位置を占めている。そもそも、世界銀行が2008年にグリーンボンドを発行した背景には、環境問題をテーマに据えた債券型金融商品を望む北欧諸国の年金基金のニーズがあった[6]。その後、多くの年金基金がグリーンボンドへの投資に積極的に取り組んでいる（図表5－2参照）。

　たとえば、スウェーデンの公的年金基金のAP2は2017年末時点で、総額約57億スウェーデンクローナにのぼるグリーンボンドおよびソーシャルボンドに投資している[7]。グリーンボンドについては、バークレイズMSCIグリーンボンド・インデックスをベンチマークとし、合計で世界各国の43の発行体が起債したグリーンボンドに投資している。ソーシャルボンドについては、2014年から投資を始めており、オランダのNWBバンクのソーシャルボンド

---

[4] 日本生命保険「ESG投融資」。
[5] 第一生命保険「ESG投資」、第一生命保険「東京グリーンボンドへの投資について―債券投資を通じた東京都の環境施策への貢献―」2017年10月20日、第一生命保険「鉄道・運輸機構が発行するグリーンボンドへの投資について」2017年11月17日。
[6] World Bank, *Why Did Multilateral Development Banks (MDBs) Issue the First Green Bonds?*
[7] AP2, *Annual Report and Sustainability Report 2017*, 6 February 2018, pp.40-41.

図表 5 − 2　主な年金基金のグリーンボンド等投資状況

国	組織名	合計投資額（2014年、億ドル）	グリーン株式	グリーンボンド	オルタナティブ・グリーン資産クラス	その他のグリーン投資	グリーン投資合計
オーストラリア	保健職員スーパーアニュエーション・トラスト・オーストラリア（HESTA）	250.30	―	―	0.3	―	0.3
ブラジル	ブラジル国立経済社会開発銀行社会保障財団（FAPES-BNDS）	31.89	0.2	―	―	―	0.2
	ブラジル銀行職員年金基金（Previ）	627.33	―	―	―	0.1	0.1
デンマーク	PFA年金基金	460.75	0.4	―	0.3	―	0.7
フィンランド	フィンランド年金基金	213.78	―	―	0.3	―	0.3
フランス	フランス公務員退職年金基金（ERAFP）	255.87	24.7	―	―	―	24.7
オランダ	オランダ厚生福祉年金基金（PFZW）	1,963.33	1.4	0.5	0.4	0.5	2.8
	オランダ金属機械産業年金基金（PMT）	711.12	―	―	0.1	―	0.1
	オランダ公務員総合年金基金	4,735.69	1.5	0.3	0.8	4.0	6.7
ニュージーランド	ニュージーランド・スーパーアニュエーション・ファンド	214.73	―	―	―	6.7	6.7
ノルウェー	政府年金基金（グローバル）	8,726.07	―	―	―	0.6	0.6
ルーマニア	Azt Viitorul Tau基金	11.52	―	―	―	0.2	0.2
スペイン	エンデサ	19.23	―	0.2	―	―	0.2
	テレフォニカ年金基	39.72	1.2	―	0.1	―	1.3

	金						
	サンタンデール	2.05	―	1.1	―	―	1.1
スウェーデン	スウェーデン職域年金保険	883.33	―	0.3	―	―	0.3
	AP 2	379.90	1.1	1.1	4.3	2.5	9.0
	AP 3	372.71	―	1.3	―	―	1.3
	AP 4	381.24	―	0.6	―	―	0.6
英国	英国大学退職年金基金（USS）	629.72	―	―	0.3	0.1	0.4
米国	ニューヨーク市混合退職制度	1,591.89	0.3	―	―	―	0.3
	国際連合ジョイント職員年金基金	528.21	0.3	0.2	―	―	0.4

出所：Organisation for Economic Co-operation and Development, *Mobilising Bond Markets for a Low-Carbon Transition*, 19 April 2017, p.100より野村資本市場研究所訳

等に投資を行っている。

米国のカリフォルニア州教職員退職年金基金（CalSTRS）は、KfWをはじめとして、世界各国のグリーンボンドに合計約2.4億ドル（2018年6月末時点）投資している[8]。CalSTRSは、国際資本市場協会（ICMA）によるグリーンボンド原則（GBP）のメンバーとしての活動も行うなど、グリーンボンド市場に積極的にコミットする姿勢を明らかにしている。

日本の年金積立金管理運用独立行政法人（GPIF）は世界銀行グループと共同で2018年4月に「債券投資への環境・社会・ガバナンス（ESG）要素の統合」と題した研究報告書を公表した。当該報告書は、債券におけるESG投資をめぐって、発展の経緯、投資アプローチ、運用パフォーマンス、投資ツール、投資家への浸透状況、今後の課題等を幅広く取り上げており、債券におけるESG投資について丁寧かつ網羅的にまとめた意義のある内容となっている。

---

[8] California State Teachers' Retirement System（CalSTRS）, *2017-18 Annual Report Period Ending June 30, 2018*, December 2018, p.35.

ESG債ファンド設定の動向

投資家によるESG債への投資手段としては、ESG債ファンドを購入する方法もある。ファンドには、一般的に(1)少額から投資可能、(2)投資の分散効果を享受、(3)専門家により運用、(4)基準価額の公表等を通じた透明性の確保、といった特長がある。ESG債ファンドは、ESG債への需要の高まり等を反映し、2015年頃から設定が目立ってきた[9]（図表5－3参照）。

たとえば、スウェーデンのSPP（ノルウェーの大手金融グループのストアブランド傘下）は、2015年3月より、「SPPグリーンボンド・ファンド」を運用しており、純資産残高は37億スウェーデンクローナ（4.62億ドル相当）超と世界最大級の規模となっている[10]。同ファンドは、「OMRXモーゲージ債オール・インデックス」をベンチマークとし、ラベル付きのグリーンボンドに投資している。

同ファンドの投資対象としては、資金が充当されるグリーンプロジェクトについては再生可能エネルギー、廃棄物処理、飲料水供給など多岐にわたっているほか、環境・社会面に明確なポジティブ・インパクトを創出するものとしている。運用銘柄のトップ10はスウェーデンで発行されたものだが、欧州投資銀行（EIB）やアフリカ開発銀行（AfDB）等により他地域で発行された銘柄も含まれている。

一方、米国の主要資産運用会社で、アメリプライズ・ファイナンシャル傘下の運用グループである、コロンビア・スレッドニードル・インベストメンツは、「コロンビア米国ソーシャルボンド・ファンド（CONAX）」を2015年3月に設定した。同ファンドは、「ブルームバーグ・バークレイズ・地方債インデックス」をベンチマークとし、米国地方債の各セクター（病院、一般

---

[9] Organisation for Economic Co-operation and Development, *Mobilising Bond Markets for a Low-Carbon Transition*, 19 April 2017, p.25.
[10] 「SPPグリーンボンド・ファンド」に関する記述は、Storebrand, *Solutions*, Spring 2018, pp.7-8および "Largest Green Bond Fund Hits Three-Year Track Record," *InvestmentEurope*, 14 September 2018に基づく。

図表5-3　主なESG債ファンドの概要

運用会社	名　称	純資産残高 （2016年5月時点）
ストアブランド	グリーンボンド・ファンド	5億ユーロ
フォアサイト	ラベルなしグリーンボンド・ファンド	2億ユーロ
ヒュマニス	グリーンボンド・ファンド	1.25億ユーロ
SEB	グリーンボンド・ファンド	1.1億ユーロ
アクサ	グリーンボンド・ファンド	8,000万ユーロ
ミロヴァ	グリーンボンド・ファンド	6,255万ユーロ
カルヴェート	グリーンボンド・ファンド	6,129万ユーロ
エルステ・アセット・マネジメント	社会的責任債券グローバル・インパクト・ファンド	4,160万ユーロ
ライフェッセン・キャピタル・マネジメント	グリーンボンド・ファンド	3,500万ユーロ
アリアンツ	グリーンボンド・ファンド	2,000万ユーロ
ステート・ストリート	グリーンボンド・ファンド	2,034万ユーロ
コロンビア・スレッドニードル	ソーシャルボンド・ファンド	2,000万ドル
NNインベストメント・パートナーズ	ユーロ・グリーンボンド・ファンド	2,000万ユーロ
日興アセットマネジメント	グリーン世銀債ファンド	1,646万シンガポールドル

出所：Organisation for Economic Co-operation and Development, *Mobilising Bond Markets for a Low-Carbon Transition,* 19 April 2017, p.26より野村資本市場研究所訳

財源保証債、住宅、上下水道等）を中心に構成されている。同ファンドは、オランダの外部評価機関であるサステイナリティクスが作成したインパクト・レポートも年次で公表しており、セクターごとの充当事業を通じた効果を公表している。

また、債券関連ESGの上場投資信託（ETF）としては、米教職員保険年金協会・大学退職年金基金（TIAA）の子会社で、米国の主要資産運用会社であるヌビーンによる「ヌシェアーズESG米国総合債券ETF（NUBD）」が注目される。2017年3月に設置された同ETFは、「ブルームバーグ・バークレイズ・MSCI米国総合ESGセレクト・インデックス」をベンチマークとしており、同インデックスは米国債、米国企業発行の社債等により構成されている[11]。また、「ブルームバーグ・バークレイズ・米国総合債券インデックス」をベース・インデックスとし、債券発行体に対するMSCIのESG格付がBBB以上のものを投資対象としている。化石燃料へのエクスポージャーの多い金属鉱山、独立系石油・ガス会社による債券は投資対象から除外している。

〔野村資本市場研究所　江夏　あかね〕

11　「ヌシェアーズESG米国総合債券ETF」に関する記述は、Nuveen, *Nushares ESG ETFs: Align Your Investments with Your Values*, pp.2-3およびNuveen, *NUBD- Nushares ESG U.S. Aggregate Bond ETF: Fund Description*に基づく。

第6章

ESG債に関する
各国政府による主な支援策

ESG債の発行・投資促進に向けた取組み

ESG債をめぐっては、グリーンボンドを中心に、各国政府等により発行や投資促進に向けた支援が行われており、財政面での支援策が講じられているケースもある。支援策は、発行体、投資家、金融商品に対する措置などさまざまなパターンがある。本章では、日本、シンガポール、香港、マレーシア、米国、ルクセンブルク、中国におけるグリーンボンドへの支援策の事例を概観する。

日 本

日本に関しては、主に環境省によるグリーンボンドに関する施策として、「グリーンボンドガイドライン　2017年版」の策定のほか、主に以下の取組みが行われている。

1　グリーンボンド発行モデル創出事業

グリーンボンド発行モデル創出事業は、「グリーンボンドガイドライン2017年版」に準拠し、かつモデル性を有するグリーンボンドの発行事例を創出し、広く発信することでグリーンボンドの普及を図る目的で、2017年度より実施されている。具体的には、グリーンボンドを発行しようとする事例のうち、モデル性を有するとして応募のあったものについて有識者による審査を行う。審査で選定された案件については、ガイドラインとの適合性を確認し、発行前報告書を作成し、情報発信を行う仕組みとなっている（図表6－1参照）。

2017年度には、鉄道建設・運輸施設整備支援機構および北陸グリーンボンド、2018年度には、日本郵船、三菱地所および住宅金融支援機構のグリーンボンドのフレームワークがモデル発行事例として選定されている。

図表6－1　グリーンボンド発行モデル創出事業に関するプロセス（2018年度）

	項　目	詳　細
1	発行事例公募	・環境省が本事業に応募するグリーンボンド発行体を公募 ・グリーンボンド発行を検討中の発行体が応募 ・応募者は、想定しているグリーンボンドのスキーム案を提出
2	発行事例選定	・応募された案件について、有識者からなる審査委員会（非公開）による審査を行い、モデル発行事例を選定
3	適合性確認	・環境省と請負事業者は、採択されたモデル発行事例のスキームについてガイドラインに定める「期待事項」との適合性を確認し、「発行前報告書」を作成
4	情報発信	・原則、発行体がグリーンボンドを発行するタイミングにあわせ、モデル発行事例が審査委員会による審査の結果、モデル発行事例に選定されたことおよびスキームがガイドラインに適合している旨の情報発信を行う（情報発信のタイミングについては、個別に調整可能）

出所：環境省グリーンボンド発行促進プラットフォーム「グリーンボンド発行モデル創出事業」

2　グリーンボンド発行促進プラットフォーム

　グリーンボンド発行促進プラットフォームは、グリーンボンドの発行支援を行う者の登録・公表、発行事例の情報共有や国内外の動向分析・情報発信等を行うものである。ウェブページを通じて、グリーンボンドの概要、仕組み、データ、市場動向、政策・業界動向、ニュース・レポート、グリーンボンド関連施策等の情報が網羅されている。

　同プラットフォームには、後述の補助事業の対象となる発行支援者の登録公表制度が設けられている。登録は、グリーンボンドストラクチャリング部門、グリーンボンドコンサルティング部門、外部レビュー部門ごとに行われる（図表6－2参照）。

図表6－2　グリーンボンド発行支援者登録制度の概要（2018年度）

項　目		詳　細
登録対象		グリーンボンドの発行支援業務を実施するにあたり十分な体制と発行支援メニューを有する者であって、国内に事務所または業務提携先に設置された窓口等の拠点を有する者
登録方法		①グリーンボンドストラクチャリング部門 ②グリーンボンドコンサルティング部門 ③外部レビュー部門 の部門ごとに行う。※②③は併願可
登録要件		
	共通基準	経営の安定性、コンプライアンス体制、実施体制、グリーンボンドに係る知見・取組み、環境配慮経営等の取組み等
	部門別基準	グリーンボンドストラクチャリング部門／グリーンボンドコンサルティング部門／外部レビュー部門 発行支援業務等の実績等／グリーンボンドコンサルティングの能力・知見、発行支援業務等の実績、経費目安の合理性等／ガイドライン適合性確認の能力・知見、発行支援業務等の実績、経費目安の合理性等

出所：環境省グリーンボンド発行促進プラットフォーム「グリーンボンド発行支援者登録制度」

3　グリーンボンド発行促進体制整備支援事業（補助事業）

　補助事業は、グリーンボンドを発行しようとする企業や地方公共団体等に対して、外部レビューの付与、グリーンボンドフレームワーク整備のコンサルティング等により支援を行う発行支援者を対象に、その支援に要する費用を補助する仕組みである。具体的には、グリーンボンド発行支援者として登録された発行支援者（登録発行支援者）が、要件を満たすグリーンボンドの発行支援計画を作成し、グリーンボンドの発行に向けて発行支援を行い、グ

fig表6－3　グリーンボンド発行促進体制整備支援事業(補助事業)の基本スキーム

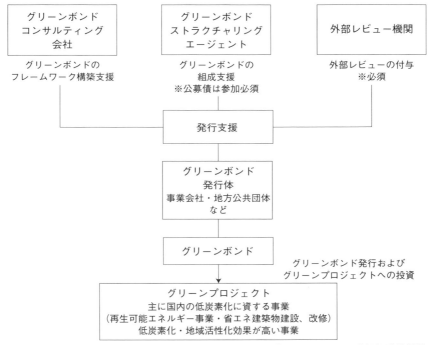

出所：環境省グリーンボンド発行促進プラットフォーム「グリーンボンド発行促進体制整備支援事業（補助事業）」より野村資本市場研究所作成

リーンボンドが発行された場合に、上限の範囲内で補助金が交付される（図表6－3参照）。この制度には、補助対象の費用や対象グリーンボンドに要件が設けられている（図表6－4参照）。

　補助事業の導入を通じて、2018年度には事業会社を中心に多くの発行体がグリーンボンドの発行に取り組んでいる。2018年6月の補助事業の開始以降、同年に発行された補助金の交付要件を満たすグリーンボンドのうち約7割に補助金が活用されている。

図表6－4　補助対象の費用および対象グリーンボンドの要件の概要（2018年度）

[補助対象の費用]

1　補助対象事業者と補助対象として認められる費用（注）

補助対象事業者	補助対象費用
外部レビュー機関	外部レビューの付与に要するコスト（発行前・発行後・期中）
コンサルティング会社	グリーンボンドフレームワークのコンサルティングに要する費用

2　補助費用の上限の考え方

- 1つのグリーンボンドに対する発行支援の実費の総額で算出（複数年かけて支援する場合、または複数の発行支援者が支援する場合は、その合計額）
- 実費と5,000万円のうち、いずれか低い額が上限
- 発行支援計画において記載する補助申請額（複数の者が支援する場合は、調整のうえそれぞれについて記載）の範囲内
- 実費の補助上限は、毎年度段階的に逓減する予定

3　留意点

- 最終的に、補助金の最後の交付決定から3年以内に、グリーンボンドが発行に至らなかった場合、補助要件に合致しないグリーンボンドを発行した場合等は、補助金の返還請求対象となる

[対象グリーンボンドの要件]

項　目	詳　細
調達資金の使途	調達した資金のすべてがグリーンプロジェクトに充当されるものであって、かつ以下のいずれかを満たすもの 1　主に国内の低炭素化に資する事業（再エネ、省エネ等） ・調達資金額の半分以上または事業件数の半分以上が国内の低炭素化事業であるもの 2　低炭素化効果および地域活性化効果が高い事業 ・低炭素化効果：国内のCO_2削減量1トン当りの補助金額が一定以下であるもの ・地域活性化効果：自治体が定める条例・計画等において地域活性化に資するものとされる事業、自治体

	からの出資が見込まれる事業等
発行体	国内に拠点を有する法人・自治体等
通貨・市場	円建て／外貨建て、外債／内債、公募債／私募債
準拠するもの	外部レビュー等において準拠するものは、グリーンボンドガイドラインのほか、発行市場や投資家層に応じてグリーンボンド原則、ASEAN Green Bond Standard、Climate Bonds Standard等選択可能 ただし、グリーンボンドガイドラインに適合することを、発行までに外部レビュー機関が確認することが必要

注：ストラクチャリングに要する費用については補助対象とならない。
出所：環境省グリーンボンド発行促進プラットフォーム「グリーンボンド発行促進体制整備支援事業（補助事業）」より野村資本市場研究所作成

4　環境省によるその他の取組み

　このほか、環境省では、国内におけるグリーンボンドの発行、投資への動きをさらに加速させるために、グリーンボンド発行に関連する先進的取組み等を表彰する「ジャパン・グリーンボンド・アワード」を設けた。2018年12月から第1回の募集を開始し、2019年3月に最初の表彰を行った。

　また、2018年および2019年には、グリーンボンド等のプライシング、リスク、インパクト等に関する調査研究を公募し、助成金を交付している。グリーンボンドに関する理論的・実証的研究の蓄積を通じて、グリーンボンドの継続的な発展を後押しする施策である。

シンガポール

　シンガポール金融監督局（MAS）は2017年6月、シンガポール証券取引所に上場するグリーンボンドについて、第三者レビューに要した経費（上限は1案件につき10万シンガポールドル）を補助する仕組みを創設した[1]。補助対

---

[1] Monetary Authority of Singapore, *Singapore- the Gateway to Asia's Bond Market*, 21 September 2017.

象としては、(1)国内外の企業、金融機関等（ソブリンを除く）、(2)シンガポール証券取引所（SGX）に上場、(3)元本が２億シンガポールドル（他通貨建てであれば、２億シンガポールドル相当）以上、(4)最低償還年限は３年以上、(5)国際的に認知されたグリーンボンドの基準に基づき、外部機関のレビューもしくは格付を取得、等の要件がある[2]。

香港

香港政府は2018年６月、５億香港ドル（もしくは外貨建てで同等額）以上のグリーンボンドを発行する発行体に対して、香港品質保証局（HKQAA）のグリーンファイナンス認証制度から外部評価を取得する際に要する経費（上限は１案件につき80万香港ドル）を補助する仕組みとして、グリーンボンド補助金制度（GBGS）の創設を公表した[3]。同制度の活用にあたっては、香港で発行され、上場されること等の要件を満たす必要がある。なお、３年間の時限制度となる予定である。

マレーシア

マレーシア証券委員会（SC）が設立した組織である、キャピタル・マーケッツ・マレーシアは2018年１月、グリーンSRIスクーク債補助金制度を創設した。マレーシアで起債されるグリーン・スクーク債の発行体に対して、外部評価を取得する際に要する経費の90％（上限は１案件につき30万マレーシアリンギット）を補助する仕組みである[4]。なお、発行体が受け取った補助金については、2020年12月までに証券委員会に申請した分について非課税扱いとなる[5]。

---

[2] Hogan Lovells, "MAS Green Bond Grant Scheme", *Debt Capital Markets Global Insights,* Spring 2018, pp.51-53.
[3] Hong Kong Quality Assurance Agency, *HKSAR Government's Green Bond Grant Scheme.*
[4] Capital Markets Malaysia, *Application form for Green SRI Sukuk Grant Scheme.*

米　国

　米国には、クリーン再生可能エネルギー債（CREBs）や適格エネルギー保全債（QECBs）という仕組みがあった。両方とも投資家が所得控除もしくは発行体が交付金を受けるものだが、2017年の税制改革により、2018年1月1日をもって廃止された。ただし、既発債の投資家や発行体に対する措置は継続している[6]。

　クリーン再生可能エネルギー債は、2005年エネルギー政策法のもとで導入された仕組みで、地方公共団体等が発行する特定の再生可能エネルギー関連事業（地熱、太陽光、風力、バイオマス、水力発電等）に充当する債券である[7]。同債券については、まず米国連邦議会が総発行額を決定する。そして、地方公共団体等の発行体が米国内国歳入庁（IRS）に発行額の割当てを申請し、発行額が割り当てられたら同債券を発行し、調達資金で対象事業を実施する。同債券は、ゼロクーポンだが、投資家は債券保有額（額面）に対して税額控除レート（米財務省が公表、2017年12月末時点では4.00％）を乗じた数値の70％について所得控除を受けることが可能である。また、所得控除ではなく、連邦政府が発行体に対して支払利息分または税額控除レートの70％を乗じた額を交付するという、直接交付の仕組みを発行体が選択することも可能であった。

　一方、適格エネルギー保全債は、2008年エネルギー向上・拡大法のもとで導入された仕組みで、地方公共団体が特定の適格エネルギー保全事業（地熱、太陽光、風力、バイオマス、水力発電等）に充当する債券である[8]。適格

5　PricewaterhouseCoopers, *TaXavvy Budget 2018 Edition（Part 1）*, 27 October 2017, p.7.
6　U.S. Department of Energy, *Update: Qualified Energy Conservation Bonds and New Clean Renewable Energy Bonds Eliminated Under Tax Cuts and Job Act,* February 2018.
7　U.S. Department of Energy, *Clean Renewable Energy Bonds（CREBs）*.
8　U.S. Department of Energy, *Qualified Energy Conservation Bonds（QECBs）*.

エネルギー保全債の発行額は、2008年7月1日時点の州の人口が米国の総人口に占める割合に基づき、州ごとに発行額が割り当てられる。割り当てられた発行額は、各州により、その一部が大型地方政府（人口10万人以上の市町村もしくはカウンティ）に割り当てられる。同債券は、クリーン再生可能エネルギー債と同様にゼロクーポンで、発行体が所得控除もしくは直接交付の仕組みを選択することができる。

ルクセンブルク

ルクセンブルクにおいては2018年7月、新種のカバードボンドとなる、再生可能エネルギー関連資産向け貸付債権を担保としたカバードボンド（グリーン・カバードボンド）に関する新法が施行された[9]。カバードボンドとは、金融機関が保有する貸付債権を担保として発行される債券であり、信用力の高い住宅ローンや地方公共団体向け債権等が典型的な担保となる。欧州を中心に世界各国でカバードボンドの仕組みは導入されているが、グリーン・カバードボンドの法律が施行されたのは、ルクセンブルクが世界初のケースとなる。

グリーン・カバードボンドの対象となる再生可能エネルギー関連資産としては、非化石燃料、すなわち風力、太陽光、空気熱、地熱、水力等の再生可能エネルギーにより発電する施設等で、法律に詳細が定められている。カバードボンドの発行体となる金融機関は、物権もしくは動産・不動産担保権付きで対象資産に貸し出す仕組みとなっている。

中　国

中国におけるグリーンボンド関連の主な支援策としては、(1)中国人民銀行

9　Luxembourg for Finance, *The World's First Legal Framework for Green Covered Bonds*, 2 July 2018.

(PBoC) によるグリーンボンド等の適格担保化、(2)江蘇省によるグリーンファイナンスに対する支援推進策があげられる。

1　中国人民銀行（PBoC）によるグリーンボンド等の適格担保化

　中国人民銀行は2018年6月、中期貸出ファシリティ（MLF）において、グリーンボンドおよびグリーンローンを受入担保の対象として追加することを発表した[10]。中期貸出ファシリティは、マクロプルーデンス政策上の条件を満たした商業銀行や政策性銀行[11]に対して中期の資金を中国人民銀行が有担保で貸し出す仕組みで、2014年9月に導入されたものである。この仕組みを活用することを通じて金融機関にとっては一定の流動性を安定的に確保できるといったメリットがある。中国人民銀行によると、グリーンボンドやグリーンローンの受入担保対象への追加は、金融機関をグリーン経済分野での支援強化へと導くこと等を目的としており、金融機関がグリーンボンド等により投資しやすくなることが期待される。

2　江蘇省によるグリーンファイナンスに対する支援推進策

　江蘇省では、2018年より、グリーンファイナンスに対する支援推進策を講じている[12]。江蘇省は、中国東部に位置する省（省都は南京市）で、2017年の域内総生産（GDP）は約8.6兆元と、中国第2位の経済地域である。

　江蘇省による支援推進策は、株式、債券、ローン等の複数の金融商品を対象としたものとなっており、グリーンボンドについても主に3つの施策が展開されている。1点目は、グリーンボンドに対する利子補給であり、グリーンボンドを発行した非金融企業に対して、支払利子の30％を江蘇省が補給す

10　中国人民銀行「中国人民銀行決定适当扩大中期借貸便利（MLF）担保品范围」2018年6月1日。
11　政策性銀行は、政策金融を担うべく1994年に設立された3つの銀行（国家開発銀行、中国輸出入銀行、中国農業発展銀行）を指す。
12　江蘇省環境保護庁等9部門「关于深入推進绿色金融服务生态環境高质量发展的实施意见」2018年10月8日。

るものである。期間は2年で、単一債券の年間最大補給額は200万元となっている。

　2点目は、グリーンボンドに保証を提供する第三者保証機関に対する奨励金であり、非金融機関が発行するグリーンボンドに保証を提供する第三者保証機関に対して、債券1銘柄につき30万元を支給する仕組みである。ただし、1つの保証機関が年間で受け取れる奨励金は600万元までとなっている。

　3点目は、中小企業によるグリーン共同発行債券への保証に対する補償であり、中小企業によるグリーン共同発行債券に保証を提供する第三者保証機関に対して、代理弁済が発生した際、実際の損失額の30％を補償する仕組みである。1つの銘柄に対する補償額の上限は、300万元となっている。

　江蘇省におけるグリーンボンドの発行額は、中国国内でも比較的多いほうだが、今後、支援推進策等を呼び水に、より多くのグリーンプロジェクトが実施され、それに伴うグリーンボンドの発行がさらに増加する可能性があると考えられる。

〔野村資本市場研究所　江夏　あかね〕

研究編

第7章

ESG債のモチベーション
―いまなぜ、ESG債なのか―

ESG債市場をめぐる議論の出発点

　研究編に入るにあたり、あらためて、いまなぜESG債なのか、本章以降の議論の出発点を確認しておきたい。基礎編では、発行体、投資家をはじめとする、ESG債にかかわるさまざまな主体について紹介した。では、発行体がそもそも通常の債券ではなくESG債を発行するモチベーションとは何か、そして、投資家があえてESG債を投資対象として選択するモチベーションは何なのか、ということが研究編の議論の出発点となるだろう。

　ESG債の発行やESG債への投資には、自社のESGに対する姿勢を対外的にアピールできるといったメリットもある。そのようなメリットを享受することがインセンティブになることも考えられる。しかし、ESG債の発行や投資に取り組む根本的なモチベーションは、ESG課題を解決するべきだと考え、そのためにESG債が有用であると考えるからではないだろうか。

　近年は、豪雨や水害など気候変動の影響が顕著となり、経済活動にも影響するようになった。程度の差こそあれ、だれもが地球温暖化や生態系の破壊といった環境問題の影響を受ける。貧困や経済格差の拡大等の社会問題も同様に、経済活動の基盤を脅かしかねない。それらに対処するために、国際社会がパリ協定や持続可能な開発目標（SDGs）に合意したことは、第1章で述べたとおりである。いまの時代、これらの問題は「どこかのだれかが解決してくれるもので、自分はフリーライドすればよい」という立場をとることは考えにくく、少なくともなんらかのかたちでESG課題に取り組むべきだという感覚は共有されているのではないか。それが研究編でESG債を検討する際の出発点である。

　一方で、その意図を金融の仕組みのなかでどのように目にみえるかたちにし、どの程度組み込むかについては、さまざまな見方や意見がある。そのことが次章以降で述べる追加性やプライシング等の論点を生んでいると考えられる。

政府債務の増加と民間への期待

　以上のような前提に対しては、ESG課題への対応とは、本来、中央政府や地方公共団体といった公的セクターの役割ではないか、という意見があるかもしれない。必要な技術革新などは民間が担うとしても、法規制による方向づけを行えるのは公的セクターのみであるし、公共性の強い目的である以上、対策に必要な資金も財政でまかなうべきではないかという見方もありえよう。日本ではいまだにその感覚が強く、結果的に民間から多くのグリーンプロジェクトが発現していない可能性も考えられる。

　たしかに環境や社会の課題に対して政策的対応を行う公的セクターの重要性は大きい。しかし、足元の課題は一国内にとどまらず世界規模での対応が求められている。それに対して政府の対応は各国の事情や利害が絡むため、必ずしも効果的に行えないことがある。しかも第1章で述べたように、SDGsの達成のためには、2016～2030年まで毎年5兆～7兆ドルといった規模の資金が必要とも想定されている[1]。

　そのようななか、相対的に生活水準が高く、資金供給源になりやすいと考えられるのが先進諸国だが、現実には先進諸国を筆頭に、国家財政は逼迫の度合いを強めている。図表7－1のとおり、政府債務の対GDP比の大きい順に並べるとG7諸国が上位を占めており、なかでも日本は対GDP比で200％超と、先進諸国のなかでも突出して高い。

　また、国際通貨基金（IMF）の予測では、それら先進諸国はグローバル金融危機後に100％超に達した政府債務対GDP比率を、近い将来引き下げることができず、新興・途上国経済においても緩やかに政府債務対GDP比率が上昇する見通しとなっている（図表7－2参照）。すなわち、諸国の国家財政の状況をグローバル金融危機前に戻すことは容易ではないということである。

1　United Nations Conference on Trade and Development, *Development and Globalization Facts and Figures 2016*, July 2016, p.165.

図表7−1　政府債務の対GDP比（2018年6月）

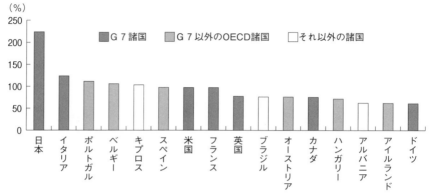

出所：World Bank, *Quarterly Public Sector Debt*より野村資本市場研究所作成

図表7−2　一般政府債務の対GDP比推移

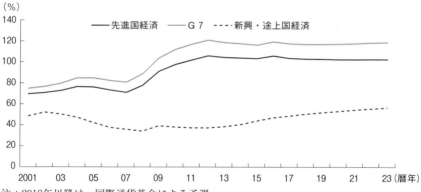

注：2018年以降は、国際通貨基金による予測。
出所：International Monetary Fund, *World Economic Outlook Database*, October 2018より野村資本市場研究所作成

　このような状況をふまえると、いかにESG課題が重要であっても、公的資金だけでファイナンスすることは困難といわざるをえない。パリ協定やSDGsの目標を実現するためには民間資金をいかに導入するかが鍵となるのである。投資家や民間企業にとっても、気候変動の激化や社会不安の深刻化

は事業環境の悪化につながるので、それを防ぐためのESG課題へのコミットメントは、共通の利益となる。

債券であることの意義

　ESG課題への取組みにおいて民間の資金が必要な場合、金融・資本市場を通じた資金調達が検討されることになる。ESG課題に取り組む主体にとって、ESG債は、当該活動をファイナンスする手法の一つと位置づけられる。

　一方、投資家は、株式、債券等の多様な投資対象を適切に組み合わせて投資することになるが、ESG投資においては従来、株式投資が先行してきた。当初のネガティブ・スクリーニングから、ポジティブ・スクリーニング、エンゲージメントへと展開し、近年では、サテライト的な投資ではなく、投資判断全体へのインテグレーションが主流になっている。資金を調達する企業にとっても、ESGへの取組みを事業活動全般に取り込むかたちで行うなら、その成果は企業価値に反映されるので、株式とESGとの組合せが自然ということもできる。

　この観点から、ESG「債券」であることの意味合いは何かという論点が浮上する。債券は現状、株式に比して市場規模が大きい、発行体にとって多くの場合資本コストの低い資金の調達が期待できる、民間企業のみならず地方公共団体などの公的主体でも発行可能といったことに加え、一つの見方として、債券は発行市場が中心的であることから、資金調達とその使途・効果の対応関係を、よりクリアに示しやすいことがあげられよう。オスロ国際気候環境研究センター（CICERO）、サステイナリティクス、ヴィジオ・アイリスなどの外部評価機関において、調達資金の充当プロジェクトの効果を客観的に評価する体制が構築されている。また、投資家にとっても、取引所における売買とは違い、発行体に直接資金が渡る点は、対応関係のみえやすさにつながるといえる。

鍵を握るステークホルダーの支持

　ESG課題の解決に貢献することがESG債にかかわる基本的なモチベーションであるとしても、それを具体化するためには、ステークホルダーからの支持を得られることが前提となる。企業の事業活動に関する意思決定においては、基本的には、株主、顧客といったステークホルダーの支持が鍵を握る。今後、企業が直面するESG課題として、たとえばパリ協定の2℃目標に向けた計画策定等があげられるが、そのための資金調達を持続させるには、各主体の最終的なオーナーやステークホルダーの支持を得ることが求められる。

　受託者責任を負う機関投資家が投資方針を定め、投資判断を下す際には、最終受益者（年金基金であれば加入者・受給者）の支持が鍵を握る。受益者により、企業や機関投資家のESG課題へのコミットメントが必要であると広く受け入れられれば、投資家も常にESG課題を考慮するのが原則となり、考慮しないのが例外となる。欧州の年金基金等では積極的なESG投資を展開している事例がみられるが、ESG課題の解消が広く加入者・受給者の支持を得ているというベースがあればこそ、可能であるといえる。

ESG債市場の発展

　ESG債の発行やESG債への投資の背景には、最終的には、ESG課題をわがこととしてとらえ、自ら課題解決に取り組まねばならないというモチベーションがあるものと、本書では想定する。そのような前提に立つと、ESG債の内容に関して、質を高めていくことが重要になる。それゆえ、ESG債における追加性や外部評価、レポーティング等が論点としてあがってくる。また、ESG課題の解決に十分な民間資金を導入するためには、ESG債の量的拡大、すなわちESG債市場の規模が拡大することも必要である。市場参加者が増えれば市場がより効率的に機能すると期待されるし、規模が大きくなれば専任のアナリストを置くことも可能になるなど、規模の経済も期待できる。

このように質の向上と量の拡大をともに実現することが、ESG債市場の発展といえるのではないか。しかし、同市場はまだ10年あまりの歴史しかもたず、まさにいま、課題が顕在化しつつある段階でもある。次章以降で、ESG債市場に関する主要な論点をあげ、現状と課題、解決に向けた取組みなどを検討していくことにしたい。

〔野村資本市場研究所　野村　亜紀子、高崎経済大学　水口　剛〕

第8章

ESG債の追加性

ESG債の追加性に対する注目の高まり

ESG債の発行が拡大するなか、「追加性」が発行体・投資家にとって注目材料の一つとなっている。たとえば、欧州委員会が設立した「サステナブルファイナンスに関するハイレベル専門家グループ（HLEG）」が2018年1月に公表した最終報告書においては、グリーンボンドについて、いくつかのグリーンプロジェクトに関して追加性に懸念があり、既存の投資に対して単にグリーンボンドというラベルを貼っただけとなっているという問題点が指摘されている[1]。本章では、ESG債に関する追加性の概念を整理したうえで、追加性に関する施策の状況と、環境的・社会的インパクトの追加性に関する課題等を示す。

ESG債の追加性がもつ2つの意味

ESG債に関する追加性という用語は、2つの意味で使用されることが多い。

1点目は、「（ESG関連プロジェクト向けの）資金の追加性」である。たとえば、グリーンボンドの場合、調達資金が新しいグリーンプロジェクトに活用されたか、あるいは、グリーンプロジェクトに向かう資金が増加したかということを指して使用される[2]。

ESG関連プロジェクト向けの資金の追加性が求められる背景としては、たとえば、グリーンボンドの場合、銀行借入れに比して返済方法等の観点で資金調達の柔軟性が低いため、リファイナンス（借換え）に使用されることが多く、環境的・社会的インパクトの創出に真に貢献しているのかといった懸念があげられる。環境的・社会的リターンを求める投資家にとっては、投資

1　High-Level Expert Group on Sustainable Finance, European Commission, *Final Report 2018—Financing a Sustainable European Economy*, 31 January 2018, p.31.
2　Chiang J, *Growing the U.S. Green Bond Market—Volume1: The Barriers and Challenges—*, January 2017, p.18; "Green Bonds: a Different Take on 'Additionality'," *Environmental Finance*, 26 October 2018.

を行ったESG債の調達資金がどの程度リファイナンスに使用されているかが、社会的インパクトを評価するうえで重要な点となる。

2点目は、「環境的・社会的インパクトの追加性」である。ESG債への投資がなければ生まれえなかった環境的・社会的インパクトを指す意味で使用される[3]。

資金の追加性を考慮することに加えて、投資による環境および社会問題の改善効果をより直接的に測る観点から、環境的・社会的インパクトを一定程度明確にすることが必要となる。特に、2015年に持続可能な開発目標（SDGs）が採択され、投資とSDGsを結びつける機運が高まっていることもあり、環境的・社会的インパクトに関する透明性向上が求められる傾向にあるようだ[4]。たとえば、国際資本市場協会（ICMA）が2018年6月に公表した投資家調査によれば、インパクトレポーティングの質問事項において、回答者の7割が投資ポートフォリオの環境的・社会的インパクト等に関する報告が必要と回答している[5]。

資金の追加性に関する透明性向上策

資金の追加性に関する透明性向上策として、調達資金がリファイナンスに使われているか否かの明確化があげられる。たとえば、ICMAが2018年6月に公表した改訂版のグリーンボンド原則（GBP）やソーシャルボンド原則（SBP）においては、ESG債の調達資金が初期投資に使用されているか、リ

---

[3] マット・クリステンセン「ESGの最先端を行くインパクト投資」加藤康之編『ESG投資の研究　理論と実践の最前線』一灯舎、2018年、232〜233頁。
[4] たとえば、国際資本市場協会は2018年6月、グリーンボンドおよびソーシャルボンドとSDGsの各目標の結びつきを示すレポートを公表している。(International Capital Market Association, *Green and Social Bonds: A High-Level Mapping to the Sustainable Development Goals*, June 2018)
[5] 同調査には、グリーンボンド原則（GBP）およびソーシャルボンド原則（SBP）のバイサイドのメンバーおよびオブザーバー51社が回答している。(International Capital Market Association, *Summary of Investor Survey among GBP/SBP Buy-Side-Members & Observers*, 8 June 2018)

ファイナンスに使用されているかについて説明することが望ましいとされる。具体的には、調達資金について、初期投資に使用する分とリファイナンスに使用する分の推定比率を示し、どの投資またはプロジェクトポートフォリオ（プロジェクトの組合せ）がリファイナンスの対象となるのかを明らかにするとともに、リファイナンス対象となるグリーンプロジェクトの対象期間（ルックバック期間）を示すことが奨励されている。

調達資金のプロジェクトへの投資充当の程度をめぐっては、外部評価機関がより包括的な評価を提供している。たとえば、格付投資情報センター（R&I）の場合、グリーンボンドアセスメントにおいて、グリーンボンドの対象事業の選定方法や調達資金の管理方法等を評価基準とし、GA1（最高位）〜GA5の評価を示している[6]。各符号の定義は、グリーンボンドの調達資金が環境問題の解決に資する事業に投資される程度を表している[7]。

環境的・社会的インパクトに関する透明性向上策

環境的・社会的インパクトの追加性を知るためには、資金の追加性の視点に加えて、より具体的な指標によって環境改善効果をみることが必要となる。ICMAでは、水資源および廃水管理、廃棄物処理および資源効率性、クリーン輸送などのグリーンボンドのいくつかの対象プロジェクトおよびソーシャルボンドについて、具体的なインパクトを測る指標や雛形等を提案している[8]。

これらの指標を活用することで、個別事業については、社会的リターンを計測することは、ある程度可能とも考えられる。ただし、(1)ネット・ベースでプラスの効果が創出されるか否かの評価、(2)質的に異なる影響の評価、(3)

---

[6] 格付投資情報センターのグリーンボンドアセスメントについては、第10章を参照されたい。

[7] 他方、グリーンボンドアセスメントは、対象事業の環境効果等を証明するものではないとされる。（格付投資情報センター「R&Iグリーンボンドアセスメント　評価方法」2018年9月3日、1頁）

種別が異なるプロジェクトが組み合わさった場合の総合的評価等に課題があるとみられる（詳細は、本章のコラムを参照されたい）。また、現状では、インパクトレポーティングにおいて、異なるESG債に関して環境および社会問題の改善効果を横比較することが可能な指標は開発されていないようである[9]。

今後の課題

本章では、ESG債の追加性を「資金の追加性」と「環境的・社会的インパクトの追加性」という２つの観点から整理し、それぞれの透明性向上策の状況を示した。研究会では、このほか、普通社債でも資金調達できる場合の追加性の考え方や、その技術が社会で標準的なものである場合の追加性の評価、地域性（技術レベルは普通でも、その地域では普及していない場合等）など、さまざまな論点が提起された。

これらの論点に答えが出たわけではないが、投資家による環境的・社会的リターンへの関心が高まるなか、インパクトの追加性をいかに示していくかが、今後ますます重要な課題になることは必至である[10]。発行体、投資家等

---

[8] International Capital Market Association, *Suggested Impact Reporting Metrics for Sustainable Water and Wastewater Management Projects,* June 2017; International Capital Market Association, *Suggested Impact Reporting Metrics for Waste Management and Resource-Efficiency Projects,* February 2018; International Capital Market Association, *Suggested Impact Reporting Metrics for Clean Transportation Projects,* June 2018; International Capital Market Association, *Working Towards a Harmonized Framework for Impact Reporting for Social Bonds,* December 2015.

[9] 環境的・社会的インパクトのレポーティングについては、第11章も参照されたい。

[10] たとえば、年金積立金管理運用独立行政法人（GPIF）と世界銀行グループが2018年４月に公表したESGに関する共同研究報告書においては、これまでのESG投資は主にインプット（ESGデータの発見や投資商品など）や内部プロセス（ESG分析やコンプライアンス）に関するものだったが、今後は、債券を含むポートフォリオ全体の環境的・社会的インパクトの把握を含めたアウトプットに対してより多くの努力が行われるだろうと指摘されている。(Inderst G and Stewart F, *Incorporating Environmental, Social and Governance (ESG) Factors into Fixed Income Investment,* World Bank Publication, April 2018, p.45)

の市場関係者が個別プロジェクトに関する具体的な指標を積み上げるとともに、追加性の概念に関する議論を深めていくことが重要である。

〔野村資本市場研究所　富永　健司〕

> **コラム**
>
> ### 環境的・社会的インパクトの「追加性」の現状と課題
>
> 　ESG債で調達した資金により実施されるプロジェクトに環境的・社会的インパクトの「追加性」が必要であることには異論はないだろう。しかし、その「追加性」を示すことは必ずしも簡単ではないことに注意が必要である。これは、技術的に簡単ではないことに加え、追加性の検討が不十分となりがちであることに起因する。後者は前者とも若干関係があるが、定量的かつ網羅的な検証方法がまだ整備されていないことを十分に意識し、環境性や社会性について複数の専門家にレビューを依頼するなどのプロセスが必要だ。もちろん、意図的に負の影響を無視するようなことがあってはならない。
>
> 　技術的な困難性について具体的に述べれば、追加性を検証するためには、まずネットでプラスの効果があるかということを考えなくてはいけない。環境効果を目的としたプロジェクトであっても、ほぼ常になんらかのマイナスの影響が存在する。たとえばバイオマス発電であれば、バイオマス燃料そのものはカーボンニュートラルであるとみなせたとしても、それを遠くから輸送すればCO_2を余計に発生させてしまうかもしれない。したがって、差引きで確実にプラスの効果があることを確認する必要がある。
>
> 　こうした計算はCO_2だけについてであれば比較的簡単にできるが、負の影響が質的に異なるものである場合は一気に複雑になる。再びバイオマス燃料を例にとると、CO_2の発生量はネットで減らすことができたとしても、その燃料作物を生産するためにこれまでつくっていた食料がつくれなくなってしまったり、価格が高くなってしまったとしたらどうであろうか。環境的にはプラスの効果があるとしても、社会的には受け入れがたいだろう。実際、欧州連合（EU）では、バイオマス燃料の生産に伴う間接的土地利用変化（ILUC）の影響も含めて考慮することになっている。
>
> 　さらに複雑な問題は、こうした質的に異なる影響をどう定量的に評価するか

である。たとえば、貴重な森林を伐採してメガソーラーの建設を行うことに追加性があるとは言いがたいことは、だれしも想像できるだろう。そもそも開発が禁止されている地区であれば建設も行えないので問題はないが、たとえば保安林の指定を解除して行う開発はどうなのか？ あるいは開発行為そのものが問題とはならない地域であっても、森林やその他の生態系が損なわれる効果をどう評価し、緩和すればよいのだろうか？ 日本国内においては現在のところ太陽光発電所の建設には法律に基づく環境アセスメントの義務はないうえ（議論はされているが）、自主的にアセスメントをしたとしてもミティゲーション（緩和措置）について明確な定めがない。したがって、環境影響をゼロにした、あるいは最小化したということを示すことはむずかしいのが現状だ。

こうした問題を解決するためには、まず環境影響の種類ごとに適切な物理的指標を準備し、さらに異なる指標を統合的に評価する手法が必要となる。最近ではこうした手法を集約して自然資本会計という名前で体系化し、評価手順を標準化する試みも進んでいる。将来的には財務会計と比較可能な体系とすることを目指しているが、技術的にはまだ発展途上であり、その正確性・厳密性に疑問が残るとの批判もある。一方でCO_2のようにスコープを明確にすればかなり定量的な評価ができるようになってきたものもあるので、必要に応じてこうした手法を適用することを考慮してもよいだろう。

本来的には追加性の検証方法がプロジェクトのタイプごとに決められていることが好ましいが、追加性を検証する方法論そのものが未完成であることや、環境および社会的影響が多岐にわたることから、一律かつ網羅的に行うことは簡単ではないといわざるをえないのが現状だ。しかし、ESG債のESG債たる所以を担保するためにも、またプロジェクトそのものの持続可能性のためにも、少なくとも対外的な批判に耐えうる程度に十分な検討を行うことをお勧めしたい。

〔レスポンスアビリティ　足立　直樹〕

コラム

サステナビリティにおける追加性の意味

ESG債は、サステナビリティ、ひいては持続可能な開発目標（SDGs）の達

成に貢献する債券と言い換えることができよう。そもそも「持続可能な開発」とは、「環境と開発に関する世界委員会」が1987年に提唱した概念であるが、その源流は1980年に世界自然保護連合（IUCN）が発表した「世界自然保護戦略」において自然保護を「将来世代のニーズを満たしつつ、現生世代に最大限の便益をもたらすよう、人間による生物圏の利用を適切に管理すること」と定義したことにある。すなわち、地球環境を適切に管理するための社会的な条件や制度を整えることで、天然資源や生物資源、自然から得られる恵み（生態系サービス）を維持し、将来世代にわたりすべての人が「だれ一人取り残されることなく」幸福を追求できる世界を実現することと理解できる。

問題は、コンサベーション・インターナショナル首席科学者であるヨハン・ロックストロム博士が「プラネタリー・バウンダリー（地球の環境容量）」理論において警告しているように、地球システムがすでに持続的な状態を維持できなくなっていることにある。従来の社会・経済システムのもとでの人間による活動の総和がこのような状況をもたらしたのであれば、business as usual、すなわち現行の経済活動の継続は問題の解決には貢献しないといえる。ESG債においても、business as usualではない、追加性のある確実な環境的・社会的インパクトを生み出すことが、投資家、発行体の双方にとって市場ならびに社会に対する責任といえる。実際、気候の安定化（温暖化を2℃未満に抑える）のために追加的に必要な資金量、あるいは生物多様性の保全に最低限必要な資金量は、それぞれ2050年までに75兆ドル、年間最大4,400億ドルと予測されており、ESG債はこのような追加的な資金ニーズを満たすことが期待される。

追加性は、これまでにも京都議定書のCDM（途上国での排出削減事業への投資と排出権取引の仕組み）や、紙や農水産品の環境ラベル認証などにおいて、国際的な議論と制度化がされてきているが、精緻な検証による追加性の担保を追求すれば、膨大な費用（取引コスト）が発生し、かえって市場の発展を阻害するという課題も指摘されている。英国の気候債券イニシアチブ（CBI）が発表している、気候債による調達資金の充当先として妥当な産業分野や事業をリスト化する「taxonomy（分類化）」のアプローチは、案件ごとの精緻な追加性分析は省略するかわりに、取引コストを抑えつつ気候安定化に向けた投資市場をつくりだすうえでは、一定の役割を果たしうると考えられる。ただし、十分な追加性を担保できるかの検証は今後必要であろう。

SDGsの達成に必要な資金ギャップと、ESG投資がもたらしうる追加的な資

金量を考えた場合、精緻な追加性の追求よりも新規の大きな資金フローをつくりだすことにまずは注力することが求められよう。ただし、追加性の担保が緩く、実質的インパクトにつながらなければ、金融界がSDGs達成に貢献する機会を失うだけでなく、そもそも社会は持続できない。市場の形成と追加性の担保の間での絶妙なバランスが保てるような議論とルールづくり、そして追加性をコストではなく付加価値として市場が評価できるような規制や規範づくりが、いま求められている。

〔コンサベーション・インターナショナル・ジャパン　日比　保史〕

第9章

ESG債のプライシング

プライシングに関する議論

　ESG債が通常の債券と比べて付加価値をもつのだとすれば、ESG債の価格は通常の債券よりも高く（利回りは低く）なるのだろうか。また、そのプレミアムの価値はどのようにして測られるのだろうか。

　この議論は、ESG債という概念が広まる前から論じられてきたが、いまだに明確な解が得られていない。発行実績が増えてきたグリーンボンドでは、いわゆるグリーンプレミアム（海外では略して"greenium"〔グリーニアム〕と呼ばれる）が存在するのかどうかの検証も多く行われている。グリーンプレミアムが認められる事例があるといったレポートや記事も存在するものの、現状では、ESG債だからといって市場で高い価格がつくとは限らない、というのが多くの市場関係者の認識となっている[1]。

　本章では、主要なステークホルダーである発行体、投資家それぞれの観点からのESG債の価格に関する意見や見解を整理したのち、ESG債の価格形成に関する論理（ロジック）と現実を考察していくことにしたい。

プライシングに対する発行体の観点

　発行体としては、基本的に、資本を投下し利益を創出することが組織存続の必須条件であるため、いかに投下資本を安く調達するかが追求すべき命題となっている。特に、資金調達の担当部署（財務部等）にとって、債券発行

---

[1] グリーニアムの存在に関する検証については、本章で紹介する気候債券イニシアチブ（CBI）によるレポートのほかにもさまざまなレポートや記事がある。たとえば、ナットウェスト・マーケッツは、グリーンボンドについて、グリーンボンドの発行体と同業種で同程度の信用力および償還年限の非グリーンボンドに比して、平均で5ベーシスポイント（bp）程度タイトな水準で取引されていると指摘している。ブルームバーグは、ユーロ建てグリーンボンドは同じ発行体の非グリーンボンドに比してタイトなスプレッドとなっており、年限が長いほどその差は大きくなっていると指摘している。("Studies Confirm Pricing Benefits to Green Bond Issuers," *Environmental Finance,* 5 February 2018; "Green Bonds Update," *Bloomberg Intelligence,* 24 January 2018）

においていかにタイトな発行条件、つまり低い利率で調達するかが財務戦略の要であり、担当者の評価にも直結しているケースが多い。ESG債を発行するうえではセカンド・パーティ・オピニオン（SPO）の取得・期中レビューに数百万円のコストを要するうえ、オピニオン取得や投資家IR・ロードショー等の実施、インパクトレポーティングに係る開示対応等、IR関連部署や事業部門にも協力を仰ぎ、相応の労力を割かざるをえない。

　第8章で論じた追加性の議論にもかかわる話であるが、ESG債だからこそ資金調達が可能となるというケースはまれで、ESG債でなくても通常の債券として資金調達できるケースがほとんどである。このような状況下、ESG債発行を行うには、社内で合意を得るためにも、その手間とコストに見合うメリットが見込めることが必要となる。現状では、そのメリットを、ESGに取り組んでいる旨の対内外PR効果や、ESG投資家の取込みによる投資家層の多様化を通じて安定的な資金調達基盤を構築することとして整理している発行体が比較的多い。その一方で、ほとんどの発行体は、発行条件のタイト化を期待しており、実際にそういった声を聞くことも多い。債券引受業者による案件獲得競争上、そういったメリットが発行体への提案において訴求されることも背景となっているとみられる。

プライシングに対する投資家の観点

　投資家にとっても、ESG債の投資に際して、ESGの度合いおよび期待される社会的貢献度を調査・分析するのに相応の手間とコストがかかる。リスクを抑えてリターンを追求することを主眼に運用するなか、金融市場に最も浸透している標準的なESG債の場合、債券のリスクは使途となるグリーンプロジェクトやソーシャルプロジェクトではなく、発行体の信用リスクになる。リスクが通常の債券と変わらないのであれば、経済的リターンの犠牲を正当化するのは、投資家にとって困難である。銀行等の自己勘定の投資家にとっては、足元の低金利環境下、運用難に苦しんでいることもあり、ただでさえ

低い利回りを犠牲にすることには抵抗がある。また、他人勘定といわれる信託銀行や投資信託・投資顧問といった年金運用機関にとっても、他人の資金を運用するうえで、顧客の最善の利益を追求し顧客の利益に反する行為を行ってはならないとするフィデューシャリー・デューティー（受託者責任）の観点から経済的リターンを犠牲にすることはむずかしい。実際、債券発行の際のマーケティングでは、ESGを重視する投資家からも、「グリーンボンドだからといってタイトな条件を許容できるわけではない」「投資目線にあえばグリーンボンドを積極的に買いたいが、まずは投資目線にあうことが重要」といった意見がほとんどとなっている。「グリーンボンドだから条件には目を瞑ってでも買いたい」という投資家はほとんどいないとみられる。

ESG債の価格形成に関する論理的な考察

　ESG投資はこれまで、株式投資で先行して普及してきた。実際にパフォーマンスが優れているのかどうかについてはいまだ検証の余地があるが、ESGの観点から意識の高い取組みを行っている企業への投資は長期的には低リスク、高リターンを享受できるといった考え方は受け入れられやすく、ESG投資の概念は株式とは比較的相性がよいといえる。一方で、債券については、通常、満期が定められており、超長期債であればまだしも、3年債や5年債といった短中期債で、そうした発行体に係る長期的な期待が債券保有期間中に顕在化することを望むのはむずかしい。また、議決権行使ができる株式と違い、債券の場合、エンゲージメントにより投資家の意見を経営に直接反映するのがむずかしく、投資家の働きかけでESG投資に係る期待を発行体の経営に反映させるという効果も株式に比して限定的である。

　特定の資産を裏付けとする資産担保証券（ABS）や不動産担保証券（MBS）、プロジェクトボンドはさておき、一般的な債券の形式で発行されるESG債の元利金支払の確度は、発行体の信用力に依拠する。したがって、セカンダリー（流通）市場でのパフォーマンスを気にする必要のない満期保有

目的の投資家にとっては、同じ発行体がまったく同じ債券をESG債と非ESG債として両方発行した場合、リスクはまったく同じと映る。すなわち、経済的リターン、つまり価格について、理論上、差は生じないことになる。発行体のESG債への取組みの意識が高ければ経営の質も高いと想定すれば、債券格付に現れないレベルで潜在的に信用リスク低減効果が期待されるが、非ESG債もその恩恵を受けるため、ESG債であることは価格差別化要因にはならない。

では、逆にESG債と非ESG債の価格は完全に一致するべきかというと、必ずしもそうではない。なぜならば、債券市場は完全市場ではなく、情報の非対称性や流動性、需給といった要因が存在するからである。図表9－1にESG債の価格に影響を与えると思われる要素をあげた。ESG債が投資家に選好されやすいという前提のもと、ESG投資家がESG債に参加することをふまえると、マーケティングにおいて非ESG債よりも多くの投資家需要を集めることができる可能性が高い。結果として、投資家と条件交渉をするうえで発

図表9－1　ESG債の価格形成に影響を与えると思われる要素

ESG債の要素	想定される価格形成への影響
〈プライマリー（発行時）〉	
投資家に選好されやすい／ESG投資家が参加（投資家拡大）	・投資家需要増でマーケティングにおいて価格交渉力が高まる（ポジティブ）
〈セカンダリー（流通市場）〉	
投資家に選好されやすい／ESG投資家が参加（投資家拡大）	・買いニーズが多く存在することで価格安定性が向上（ポジティブ）
満期保有目的の投資家が多い	・相場悪化時の売り圧力の軽減（ポジティブ） ・流動性の減少（ネガティブ）
発行体のESGへの取組みに対する意識が高い	・発行体の信用力に対するプラスの効果で、潜在的な債務不履行（デフォルト）リスクの低減効果（通常の債券も影響を受けるため、ニュートラル）

出所：野村證券

行体サイドの価格交渉力が高まることにより、タイトな条件を追求できる可能性がある。実際に、マーケティング時の投資家の声として、「グリーンボンドだからタイトな条件を許容できるわけではない」という声が多いことは、前述のとおりである。その一方で、「いまはこの年限、セクターの債券は購入していないが、グリーンボンドなので購入を検討する」という投資家も存在する。また、セカンダリー（流通）市場においても、通常の債券と比べて投資家の買い需要を獲得しやすいことや満期保有目的の投資家が多いことをふまえると、相場悪化時の売り圧力が軽減され、価格の安定性が高まることが期待される。他方、満期保有目的の投資家が多いことは、流動性減少の観点からは投資家にとってネガティブな要因となることも想定されるため、価格形成上プラス要因ばかりとは限らないことには留意が必要である。

ESG債の価格プレミアムの実際

1　気候債券イニシアチブ（CBI）による調査

　実際に発行されたESG債で価格プレミアムは発生しているのだろうか。本書ですでに何度か言及した英国の気候債券イニシアチブ（CBI）は、2016年1月～2018年1月にユーロ建てもしくはドル建てで発行されたグリーンボンドの発行状況を調査した[2]。同調査では、(1)通常の債券に比べ、平均的にグリーンボンドのほうがより大きな投資家需要を集め、マーケティングにおいても当初想定条件（initial price thoughts）と比べ、よりタイトな発行条件となった、(2)発行後7日後、28日後のパフォーマンスにおいても、それぞれ70％、61％のグリーンボンドの利回りが債券インデックス対比で低下した（価格が上昇した）、(3)通常、新発債は既発債の利回りよりも高い利回り（安い価格）で発行される（新発債プレミアムが要求される）のが普通だが、少な

---

[2]　Climate Bonds Initiative, *Bonds and Climate Change: The State of the Market 2018*, September 2018.

くとも4つ以上の通常債券と比較することのできた60のグリーンボンドのうち、29のグリーンボンドは既発債並みもしくは既発債よりも低い利回り（高い価格）で発行された、といった調査結果が得られた。

CBIは四半期ごとに、直近の四半期に発行されたグリーンボンドについて同様の調査を行い、その結果をレポートとして開示しているが、いずれも似たような結果を得ている。ただし、比較対象に用いる通常の債券については、同一四半期に発行された債券で、可能な限り業種、クーポン水準、年限、案件サイズが近いものを選んでいるものの、実際には、クーポン水準、年限、案件サイズは同じ条件だと仮定するには相応に違いがみられる（たとえば投資家層や需給状況がまったく異なる3年債と10年債を比較しているケースもある）。さらに、条件決定日（プライシング日）が1日異なるだけでも実際には投資家の需要の集まり具合や発行条件への影響は大きく異なりうるため、価格への好影響が本当にESG債であることに起因していると結論づけるには、考慮すべき他の要因が多く存在する。加えて、好影響が確認されたのがグリーンボンドの5～7割程度という結論からも、ESG債だからといって通常の債券として発行する場合に比べて常に有利な条件で発行できるというわけではないということができよう。

プライシングにおいては、その時金利が上がりそうか下がりそうか、同タイミングでほかにどういった起債が行われているか等でも投資家需要・目線が変化するうえ、マーケティングは基本的に投資家との価格交渉であり、投資家に提示するマーケティングレンジ（想定条件）の設定とその動かし方の巧拙が条件に大きく影響する。一般に、多くの投資家を取り込みたい、もしくは確実な需要獲得をねらって慎重なマーケティングを行いたい場合、多くの投資家を検討の俎上に載せるべく、マーケティング当初時点で投資家に提示する想定条件は、やや投資家寄りに提示する戦略をとることが多い。投資家層の多様化やグリーン投資家へのアピールを目的とすることが多いグリーンボンドの発行では、そうした戦略をとるインセンティブが働きやすい。そのため、マーケティングで着地する条件が当初想定条件よりも大幅なタイト

化を実現しやすいのは、マーケティング戦略の結果としても違和感がない。

2　フランス国債の事例

　ESG債が通常の債券よりも良好な需給を形成しやすいと想定される理由としては、投資家に選好されやすいという要素もあるが、資金使途を限定するその性格から一般事業目的（general corporate purpose）で発行する通常の債券よりも発行額が小規模になりやすいという要因も考えられる。では、十分な発行量があり、流動性に問題のないESG債券と非ESG債券の比較ではどうだろうか。

　そうした比較が可能な債券としては、フランス国債のグリーンボンドと米国の政府支援機関である連邦住宅抵当公庫（ファニーメイ）のグリーン不動産担保証券（MBS）があげられる。ファニーメイのMBSについては裏付けとなるローン債権の属性が異なるとローン債権プールの償還速度や信用力等が異なり、グリーンボンドであることと価格形成との因果関係を見極めるのは困難である。そこで、フランス国債を例としてみることとする。

図表9-2　フランス国債のイールドカーブ

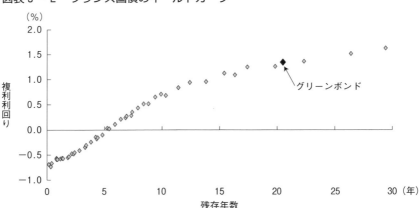

注：2018年12月28日引け時点。
出所：ブルームバーグのデータを基に野村證券作成

図表9－2は、フランス国債の利回り曲線（イールドカーブ）を表示したものであるが、グリーンボンドの利回りはイールドカーブから大きく乖離しているようにはみられない。グリーンボンドの価格にプレミアムが存在するのであれば、非グリーンボンドよりも価格が高く（利回りが低く）評価され、イールドカーブよりも下方に存在しているはずである。図表9－2は、例として2018年12月28日引け時点のイールドカーブを参考に掲載しているが、ほかの時点でみても同様にほぼイールドカーブ上に位置している。

　もちろん、本事例の評価のためには国債という債券の特殊性についての考察も必要ではある。そこで、欧州投資銀行（EIB）および国際金融公社（IFC）のイールドカーブとグリーンボンド・ソーシャルボンド等との関係を図表9－3に示した。これらの頻繁にESG債を発行している国際機関や政府系機関の発行体についても、基本的には同様の傾向が観察される。

3　ナショナルオーストラリア銀行の事例

　グリーンボンドというラベルの有無で価格差が生じるかどうかについて、もう一例みてみる。同じ発行体が同じタイミングで同じ商品性のESG債と非ESG債を発行した例として、証券化商品となるが、オーストラリアの大手銀行であるナショナルオーストラリア銀行（NAB）が2018年2月に発行したグリーン住宅ローン担保証券（RMBS）を紹介したい。このRMBSは、住宅ローン債権を裏付けとして、8トランシェ（tranche、証券化商品等を一定の条件で切り分けた区分を意味する）、計20億豪ドルのMBSに分けて起債された。最優先トランシェはClass A1-AおよびClass A1-Gの2トランシェあり、このうちClass A1-Gがグリーンボンドとして発行された。

　裏付けとなる住宅ローン債権プールの約24％は、CBIが気候ボンドの認証用に地域別に定めているオーストラリア向けの低炭素住宅基準（Residential Low Carbon Buildings Criteria）に合致した住宅へのローンとなっており、ClassA1-Gの調達資金はすべてそれに充当される。そして、住宅ローンの繰上返済等が生じても、調達資金が当該ローンへ充当されている状況を確保す

図表 9 － 3　欧州投資銀行（EIB）および国際金融公社（IFC）のイールドカーブ

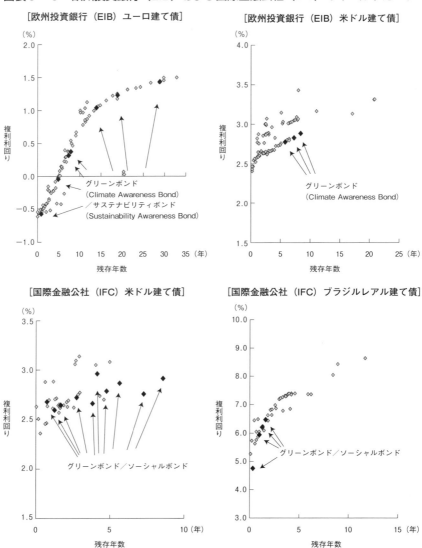

注 1 ：2018年12月28日引け時点。
注 2 ：いずれのグラフも、コーラブル債および期中に元本が償還する債券を除く。
出所：ブルームバーグのデータを基に野村證券作成

べく、Class A1-Gトランシェの発行額は全トランシェ合計額の15%である3億豪ドルにとどめられている。一方でClass A1-Aの発行額は15.4億豪ドルであり、両トランシェの発行額には差がある。流動性の観点からは差が発生するものの、両トランシェは同じ住宅ローン債権プールを裏付けとし、元利支払の優先順位はパリパス（pari passu、同順位）であることから、信用力は理論的に同一となる。

実際のプライシングにおいて、両トランシェの利率は同水準（1ヵ月BBSW〔オーストラリア銀行間取引金利〕＋85ベーシスポイント〔bp〕[3]）となり、発行時の価格に差は生じていない。Class A1-Aの需要倍率は開示されていないものの、グリーントランシェのClass A1-Gは、発行額対比約1.8倍の投資家需要を集めたと報じられている[4]。それぞれのトランシェの発行後の価格推移を図表9－4に示すが、タイミングによってはClass A1-Aのほうが高い価格となることもあり、グリーンボンドのパフォーマンスが常に非グリーンボンドよりも優れているとはいえないようである。

図表9－4　ナショナルオーストラリア銀行National RMBS Trust 2018-1のClass A1トランシェの価格推移

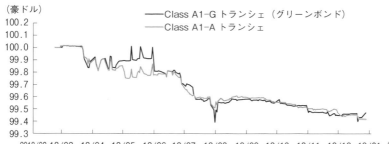

注：価格は、額面100豪ドルに対する数値。
出所：ブルームバーグより野村證券作成

3　1bp＝0.01％。
4　"NAB Prints First Green RMBS," *International Financing Review (IFR2220)*, 10 February to 16 February 2018.

4　クレジットイベントに対するグリーンボンドのパフォーマンス

　「ESG債市場の持続的発展に関する研究会」においては、委員から、ESGリスクに着目したグリーンボンドのパフォーマンス検証結果についての報告があった。セクターによるESGリスク特性の違いに着目し、エネルギー資源や公益インフラといったESGの重要性が高い業種ほど、グリーンボンドが優れたリスク調整後リターンを示すのではないかとの仮説のもと、いわゆるイタリア・ショック（2018年5月頃のイタリアの政局混迷）時の欧州企業のグリーンボンドのパフォーマンスが検証された。そして、発行体のスプレッドがワイド化（利回りが上昇）するなかで、電力会社のグリーンボンドがイールドカーブほどにはワイド化せず（リスク耐性がみられ）、その効果は銀行・金融といったセクターよりも顕著であることが観察されたといった結果が得られた。

　このことから、クレジットイベント発生時には、同一発行体のイールドカーブに対して、グリーンボンドはタイト化（アウトパフォーム）する傾向があり、その傾向は、環境への直接的な影響がより強いセクターのほうが顕著に出る可能性が示唆される。また、当該局面における国別での比較検証では、イベントの震源地であるイタリアにおいて、より顕著な結果が得られており、得られた結果の有意性を裏付ける材料となっている。検証自体は、特定の環境下におけるものであり、さらなる検証を重ねる必要があるものの、興味深い内容といえる。

経済的リスク・リターンと社会的リターン

　本章のここまでの検討を要約すると、次のようになる。まず、ESG債の価格形成を論理的に考えると、発行体の信用力に依拠して発行する場合には、非ESG債との差は生じない。しかし実際には、流動性や需給要因から両者に差が生じる可能性はある。具体的な事例をみると、ESG債が有利な価格で発

行できたり、クレジットイベント時にリスク耐性がみられたりすることもあるが、非ESG債と差がない場合もある。それでは、ESG債に価格プレミアムがつくことがあるとすれば、その背後にはどのような要因が働いているのか。また、今後ESG債市場がさらに発展したら、どのような可能性が考えられるだろうか。

通常債券と区別されるESG債の特徴は、環境や社会への貢献があることである。従来の資本市場論でいう債券の価格上昇（キャピタル・ゲイン）や利息収入（インカム・ゲイン）といった経済的なリターンとは違う、ESGの観点から社会全体が受ける恩恵、インパクトを、一般的に社会的リターンと呼ぶ。ESG債への投資においては、まさしくこの社会的リターンを考慮して投資を行うことが特徴となる。一方、債券の価格形成は、投資家と発行体の双方の経済的リターンにかかわる。したがって、ESG債の価格形成の議論は、社会的リターンがどのように経済的リターンと関係するのか、あるいは、関係させるべきなのか、という観点から考えることができる。以下ではこの点を3つのステップに分けて考えてみたい。

1　社会的リターンに対する選好

社会的リターンとは、環境課題や社会課題に関して社会全体が受ける恩恵であるから、非金銭的な「価値」がある。その価値の大きさはプロジェクトによっても異なるため、できることなら、市場が機能することでその価値の大きさが適切に測られ、市場の選好を通して経済全体の資金配分に反映されることが望ましい。

社会的リターンが経済的リターンに連動する、つまり、環境、社会へのプラスのインパクトの大きさによって投資家が得られる経済的リターンが変化することが明確であれば問題はもっとシンプルであったかもしれない。たとえば、発行体の立場からみれば、グリーンプロジェクト等が社会的リターンを生み出すことで、長い目でみればレピュテーションの向上や市場の獲得を通じて経済的リターンにつながるかもしれない。また、ESG債を通じて創出

されたインパクトにより環境問題や社会的課題が改善し、将来的に、発行体の事業にとってもプラスの効果が期待できるという観点から、長期的な解釈では社会的リターンが経済的リターンにつながるという考え方もある。

しかし、個別債券をみた場合に、期限付きという債券の特性の問題から、満期を迎えるまでに社会的リターンが経済的リターンとして顕在化するとは限らない。また、そのような経済的リターンは発行体全体にかかわるので、投資家にとって、ESG債を非ESG債と差別化する要因にはならない。期限付きという制約のもとでは、たとえば海外のソーシャルボンドに投資するケースのように、その社会的リターンはだれが享受するのかという論点も考えられる。

これに対して、近年、ESG投資を積極的に推進している国内外の巨大な公的年金基金の間で、ユニバーサルオーナーという考え方が広がりつつある。たとえば、年金積立金管理運用独立行政法人（GPIF）のような、巨額の運用資産をもち、中長期的な観点から資本市場全体に幅広く分散投資を行う投資家にとっては、社会全体が持続可能になることが長期の投資リターンを追求するうえで不可欠であり、社会全体が受ける恩恵を経済的リターンとして享受するという考え方である[5]。このようなユニバーサルオーナーの存在が、ESG債の需給要因に影響している可能性は考えられる。

さらに、個人投資家の場合には、経済的リターンと切り離して、社会的リターンそのものへの選好をもつ可能性もある。たとえばフランスを本拠とするナティクシス・インベストメント・マネージャーズは、22カ国の7,100人を対象にした個人投資家調査の結果として、世代や性別にかかわらず70％以上が環境や社会の要素を重視して投資したいと回答したことを報告している[6]。2018年3月に公表された欧州委員会によるサステナビリティファイナ

---

5 UNEP Finance Initiative, *Universal Ownership: Why Environmental Externalities Matter to Institutional Investors*, March 2011.
6 Natixis Investment Managers, *Mind Shift: Getting Past the Screens of Responsible Investing*, 2017.

ンスに関するアクションプランでは、投資事業者が個人向けに投資アドバイスをする際、顧客の「サステナビリティに関する選好（sustainability preferences）」を確認することを義務づける方針を示した。そのような選好が本当に顕在化すれば、市場価格に影響する可能性もあるだろう。

2 ソーシャルインパクトボンド（SIB）

　一定の枠組みを通じ、社会的リターンを投資家にとっての経済的リターンに転換する仕組みが、ソーシャルインパクトボンド（SIB）である。たとえばグリーンプロジェクトを創出し、かつ環境へのインパクトを経済的リターンへと結びつけた好事例として、2016年のワシントンDC（コロンビア特別区）のDC上下水道公社による環境インパクトボンドの事例がある。環境インパクトボンドは、最近浸透しつつあるソーシャルインパクトボンドと類似した金融商品であり、民間資金を活用して行政課題の解決を図り、成果に応じて行政が資金提供者に資金を償還する成果連動型の官民連携によるインパクト投資の手法の一つである。

　DC上下水道公社の事例では、激甚化する降雨に対し、雨水処理・排水能力に欠けるワシントンDCにおいて、同公社が新たな貯水槽・下水処理設備に投資するかわりに、環境インパクトボンドによる調達資金で街中の20エーカー超の土地を緑地化し、植生・土壌の雨水吸収・貯留・排水能力を活用することによって追加的投資を圧縮することを計画した。同公社による環境インパクトボンドは、計画以上に雨水を給水・排出した場合（つまり高い成果が得られた場合）には、投資家へ高い配当が支払われ、計画以下の場合（つまり成果が期待ほど得られなかった場合）には、投資家が追加資金を拠出するかたちとなっている[7]。

　こうした事例はまさしく、社会的リターンが投資家にとっての経済的リターンに直結する仕組みとなっている。投資家は、投資判断に際してプロ

---

[7] The DC Water and Sewer Authority, *DC Water, Goldman Sachs and Calvert Foundation Pioneer Environmental Impact Bond*, 29 September 2016.

ジェクトの成否について深い分析を行う必要があり、プロジェクトの成果に対して自身の収益というかたちでコミットすることになる。そのため、プロジェクトで高い成果をあげることに関して、資金を調達した後も投資家からのプレッシャーというかたちで発行体に対する動機づけが行われる。一方で、プロジェクトが成功する可能性が高いと投資家が判断する場合には、より低利で資金を調達できる可能性もあり、投資家・発行体ともに、プロジェクトの成否（つまり社会的リターン）に対して経済的にもリターンを共有することになる。

　この仕組みの本質は、政府や地方公共団体が社会的リターン（インパクト）のいわば「買い手」となって、事業の実施者や投資家に支払をする点にある。それによって、社会的リターンが経済的リターンに転換される。その原資は何かといえば、当該事業によって従来の行政の方法よりも効率や成果が向上することである。したがって、この仕組みを適用するためには、社会的リターンの計測のために明確なメトリクス（指標とその計測方法）が確立していることが必要である。また、成果連動型であるため伝統的な債券のロジックとは異なる。しかし、社会的リターンを経済的リターンに転換する仕組みづくりという点で、ESG債の持続的発展のための大きなヒントになるだろう。

　なお、ソーシャルインパクトボンドは近年、日本でも注目を集めている。2015年度には、横須賀市による子ども支援に関するソーシャルインパクトボンドをはじめとして、複数のパイロット事業が出現した。その後、2017年度からは神戸市（糖尿病性腎症重症化予防のための事業）や八王子市（大腸がん検診受診率向上事業）でソーシャルインパクトボンドが本格的に導入され、他の地方公共団体にも広がりつつある[8]。

8　神戸市「日本初「ソーシャル・インパクト・ボンド（SIB）」神戸市、社会的投資推進財団、DPPヘルスパートナーズ、三井住友銀行、SMBC信託銀行が導入〜「糖尿病性腎症等の重症化予防SIB」で人工透析への移行を予防〜」2019年7月20日、ケイスリー「八王子市　ソーシャル・インパクト・ボンドを活用した大腸がん検診受診率向上事業について」2017年8月14日。

3　第3の評価軸としての社会的リターン

　ソーシャルインパクトボンドは優れたアイデアだが、本質的には、だれかがお金を出して社会的リターンを買い取る仕組みである。その買い手となるのは、現状では政府・地方公共団体以外には考えにくい。しかし、個人投資家やユニバーサルオーナーにサステナビリティへの選好があるならば、その選好を市場メカニズムのなかに取り込むことはできないだろうか。それが、ESGの要素である社会的リターン（インパクト）を、経済的リスク、リターンとは別の、第3の軸として評価するという考え方である。図表9－5のようなロジックは、投資を行うことによる短中期的な金銭的見返りとは別に、環境・社会に資する投資を行うことそのものにも価値があるとみなす考え方といえよう。

　この考え方では、投資家の投資行動において社会的リターン選好が働いており、投資家はより低（経済的）リスク、より高（経済的）リターン、より高インパクトの投資商品を求めることになる。ただし、リスク、リターン、インパクトという3つの価値基準があって、それらが互いに背反する場合には、すべてを最大化することはできない。ちょうど、一定のリスクを許容す

図表9－5　経済的リスク・リターンに対する第3の軸としての社会的リターン

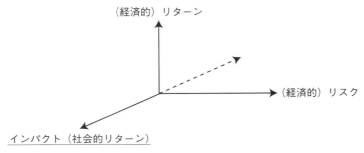

出所：水口剛「グリーンボンドを含む国内ESG投資の潮流」（環境省主催ジャパングリーンボンドシンポジウム、2019年3月1日）より野村證券作成

ることで一定のリターンを追求するように、リスク、リターン、インパクトのそれぞれについて一定の許容範囲（満足水準）を満たすようなバランスのとれた意思決定をすることになるのではないか。

　そういった観点からは、ESG債券のプライシング、つまり経済的リターンの決定プロセスにおいて、同じ経済的リスクの商品があった場合に、たとえ経済的リターンが若干低くても高い社会的インパクトが見込まれる商品のほうが選択されうる可能性もあると考えられる。突き詰めれば、こうした考え方が十分に普及した世界では、インパクトの度合いに応じてESG債にプレミアムが発生することになろう。

　こうした考え方が普及するには各市場関係者の意識が変わっていく必要があり、普及には時間を要するかもしれない。しかし、欧米を中心に実際にこうした考えでESG投資を行っている投資家もいると考えられ、着実に浸透しつつあると思われる。

ラベルの価値とプライシング

　社会的リターンが投資判断における一つの価値基準になるとすれば、ESG債におけるラベルの価値が問題になる。というのも、足元のグリーンボンド発行事例においては、すでに支出予定の資金使途のなかから、グリーンボンドの資金使途に使えるプロジェクトを探してグリーンボンドを発行したようにみえるケースもあるからである。既存の資金使途のなかから特定の資金使途を切り出し、債券にグリーンボンドというラベルを貼っている場合、グリーンボンドとして発行しなかったとしても通常の債券として調達していたのではないか。つまり、環境、社会へのインパクトは通常の債券で調達した場合と変わらないのではないか。それでもラベルに価値が認められるのだろうか。これは、第8章で述べた「追加性」の議論である。

　仮に、投資家が前述のような「社会的リターンにも価値を置くプライシング」をすでに行っているとしても、グリーンボンドやソーシャルボンドとい

うラベルに追加性を認めなければ、つまり、普通の債券として調達した場合もESG債で調達した場合も実社会へのインパクトが変わらないと判断すれば、ESG債にプレミアムはつかないかもしれない。この点は、実際のESG債の価格を観察する場合や、その実証分析をする場合に、重要な論点となる。なぜなら、実証の結果、ESG債にプレミアムが観察されなかったとしても、その理由には、(1)市場が社会的リターンに価値を認めていない（追加性があっても高く買わない）、(2)そのESG債に社会的リターンがないと判断した（ラベルに追加性を認めていない）、という2つの可能性が考えられるからである。

逆に、そのようなESG債でも通常の債券と異なる価格がつくとすれば、それはラベルに価値が存在することを意味する。

そのラベルの価値はどこから来るのだろうか。一つの見方は、たとえ既存の資金使途のなかからグリーンプロジェクトやソーシャルプロジェクトを切り出しただけでも、資金使途を限定することに追加性を認めるというものである。ラベルは、発行体のコミットメントを表すからである。この資金使途は変えない、必ず実行するというコミットメントである。

もう一つの見方は、通常の債券として発行されていた場合には考慮されていなかった価値が、ESG債として資金使途を明示したこと、および環境、社会への取組みに関して第三者から評価を得たことで見出されたというものである。つまりラベルには発行体の価値の再発見機能があるととらえることができる。ただし、この後者のような意味では、発行体自身のESGの取組みが十分に投資家に理解され、市場の評価に織り込まれていけば、徐々にラベルがもつ追加的な意味は消失していくとも思われる。

逆にいえば、仮に投資家が社会的リターンにも価値を置くとすれば、それはESG債だけでなく、当該発行体のすべての債券の評価に反映されるのではないだろうか。

たとえば、国際協力機構（JICA）が発行する債券「JICA債」は、JICA債という存在そのものに対してソーシャルボンドとしてのセカンドオピニオン

を取得している。足元では、発行ごとに個別債券にオピニオンを取得してソーシャルボンドというラベルを貼るということはされていないが、金融市場ではソーシャルボンドとして認識されている。これは、発行体のソーシャル性に関する評価が、債券投資において個別債券に対するラベルの有無に関係なく反映されていると解釈できる。よりわかりやすい例は、世界銀行の債券（世銀債）であろう。資本市場から調達した資金のすべてが持続可能な開発目標（SDGs）を支えるプログラムへの融資に活用されており、すべての世銀債がESG債として認識されている。これらの例は、彼らが、事業そのものが社会貢献度の高い発行体、いわゆるピュア・プレイヤーだからである[9]。

　一般の発行体はピュア・プレイヤーではない。だが、ESG債の対象プロジェクト以外は環境課題や社会課題にまったく無関係ということはなく、程度の差こそあれ、事業全体がESGにかかわるのが一般的である。実際、セカンド・パーティ・オピニオンにおいても、評価機関は発行体自身のESGへの取組みをより重視して評価し始めている。

　ESG投資の分野では、ESG債に限らず、通常の債券の評価にもESG要素を組み込むインテグレーションの動きがある。当面、債券投資へのESGインテグレーションは、発行体のESGへの対応状況をリスク要因とみなして信用力の評価に組み込むことが中心である。これは、ESG要因の経済的リスクに着目したインテグレーションである。しかし、投資家が社会的リターンにも価値を見出すならば、その面からも発行体のESG評価のインテグレーションがありうるのではないか。つまり、インテグレーションが進んだ市場では、通常の債券でも発行体自身のESG評価が価格に反映されることになるのではないだろうか。

　そのような市場となっても、資金使途をグリーンプロジェクトやソーシャ

---

[9] ピュア・プレイヤー（pure player）は、国際機関や公的機関のようにその活動自体がグリーンボンドもしくはソーシャルボンドの資金使途として適格とされるような発行体。(International Capital Market Association〔GBP SBP Database and Indices Working Group〕, *Summary of Green-Social-Sustainable Bonds Database Providers,* June 2018)

ルプロジェクトに限定するコミットメントとしてのラベルの価値はなくならないと思われるが、ラベルの対象となるプロジェクトにどれだけ追加性が認められるかという点に、より焦点が当たることになるだろう。

ESG債のプライシングに関する今後の課題

　ESG債市場が持続的に発展していくためには、自立的な発展を促すメカニズムが必要であり、プライシングの観点からは、市場機能がしっかりと働く仕組みを確立することが最も重要である。すなわちESG債の価格は投資家の判断により形成されていくべきである。したがって、市場でESG債にプレミアムがつくためには、投資家がESG債に価値を見出せることが必要であり、発行体がESG債の価値をしっかりと訴求していくことが大事である。

　ESG債の発行事例も増えてきたいま、今後は、よりESG債の本質的な価値を高めていくことが課題ではないか。発行体が「投資をしてもらえたらこれだけの社会的リターンがある」と訴求でき、また投資家が「投資をしたことでこれだけ社会に貢献した」と訴求できるようになることで、納得感のある価格形成が進むことを望みたい。また、市場が正しく機能するためには、正しい情報が不可欠である。第11章で述べるインパクトレポーティングの充実や、投資家が発行体のESGへの取組みを的確に評価できるだけの知見をもつことも、適切なプライシングのための必要条件であろう。

　市場によるESG債の価格形成機能の発揮の観点からは、日本の債券市場特有の問題も無視できない。海外の市場と異なり、店頭取引が主体の国内債券市場は流動性および透明性に欠け、発行体の横並び意識等の問題もあり、ESG債に限らず価格形成機能が働きにくいケースがみられる。国内におけるESG債市場の発展を目指すうえでは、日本の債券市場の活性化もあわせて議論していく必要があるだろう。そうした観点では、発行体や投資家だけでなく、証券会社といった他の市場関係者の果たすべき役割も非常に大きい。

〔野村證券　吉成　亮彦、高崎経済大学　水口　剛〕

> **コラム**

グリーンボンドのプライシングに係る考察

　ESG投資に対する資本市場の関心は、近年ますます高まりをみせている。国際資本市場協会（ICMA）と日本証券業協会（JSDA）の共催により「グリーンボンド及びソーシャルボンド市場の発展―アジアの展望」と題したセミナーが2018年12月に東京で開催された。同セミナーには、日本国内外の銀行、証券会社、発行体、機関投資家を含む多数の出席者が参加し、このテーマへの関心の高さがうかがえるイベントであった。その際にグリーンボンドの価値の特定やプライシングに関して活発に議論がなされ、グリーンボンド市場の拡大のためには発行体と投資家それぞれにとって経済的メリットが必要であるという声が上がった。しかし、発行体と投資家双方にとって経済的メリットの認められる起債条件を同時に実現することは可能なのだろうか。

　近年、グリーンボンドの発行事例が急増してきているが、債券市場全体に占める割合（経済協力開発機構〔OECD〕の統計に基づく）は約１％にすぎず、投資対象としてのグリーンボンドのパフォーマンス評価はいまだ確立していない。グリーンボンドの一般的な発行形態をみると、グリーンボンドとしてのラベリングは行われるものの、同じ発行体の普通社債とコベナンツ（財務制限条項等）がパリパス（pari passu、同順位）となっている。財務リスクの観点だけからみると同等である２種類の債券の評価を、どのように差別化するのか。たとえば、普通社債市場において発行価格に影響を及ぼす主な要因として、(1)（発行体のクレジットストーリーよりも）起債市場の需給環境、(2)当該債券の流動性が指摘されている[1]。グリーンボンドの価格パフォーマンスの良し悪しは普通社債市場のセオリーに準じるのか、また、グリーニアムは存在するのか、今後の検証が待たれるところである。

　本文にもあるように、気候債券イニシアチブ（CBI）のまとめによれば、2018年上半期にユーロ市場で発行されたベンチマーク債規模のすべてのグリーンボンドは、セカンダリー（流通）市場移行後に、同時期に発行された同規模の普通社債よりもスプレッドの縮小がみられた。同レポートによれば、この時期のグリーンボンド新発債のプライシングは、同発行体のクレジット・イールドカーブとの比較において、同等または新発債プレミアムを上乗せした状況だったと分析されている[2]。それでも、これらのグリーンボンドは同時期同規

模の普通社債の起債に比較して、イニシャル・プライストークよりも最終条件はタイトであり、かつ超過需要が寄せられ、セカンダリー市場でも良好なパフォーマンスとなったとある。これらのグリーンボンド発行体は、流通市場の普通社債気配値との比較において、上乗せ金利を受容したことになるが、押し並べて同時期の普通社債の起債よりも（発行体に）有利な条件（つまりグリーニアム）を実現できたといえよう。

　同レポートによれば、2018年上半期に起債されたグリーンボンドは平均して起債額の約55％がいわゆるグリーン投資家に購入されており、初めてグリーン投資家の購入シェアが過半数を占めるようになった。CBIの分析で2017年発行のグリーンボンドにおけるグリーン投資家購入比率は4割程度だったことに鑑みると、2018年上期起債のグリーンボンドの商品性（対象事業や外部評価の質など）をグリーン投資家が好感した可能性がある。CBIのレポートにある2018年上期の状況が一過性のものなのか、いよいよグリーンボンド市場がその魅力を顕在化させつつあるのか、今後の動向を期待とともに見守りたい。

〔高崎経済大学　佐藤　敦子〕

1　Bank for International Settlements, *BIS Quarterly Review*, September 2017, pp.96-98.
2　Climate Bond Initiative, *Green Bond Pricing in the Primary Market: January-June 2018*, October 2018.

社会的リターン定量化への挑戦

　世界銀行の日本市場におけるESG債券の販売は10年以上前から活発に行われていた。結果として日本国債よりも高い格付水準となってしまった世界銀行債は、日本で販売される他の金融商品に比べて相対的に金利が低かった。このため、金融リターン以外の要素を積極的に市場に評価してもらう必要があった。2008年の個人投資家向けワクチン債を発行して以降、世界銀行が開発したESG債の販売は、当時の日本市場で最も活発に行われ、さまざまな新商品が開発された。

　債券発行体の立場としては、ESG債の積極的発行は市場からの要望に応え

るもので、相応の追加コストも発生したことから、より低コストでの発行が期待されたが、現時点では通常の債券とESG債券の間で金融リターンの「明確な」差は確認されていない。絶対的な供給量不足がその主因である。この点に関しては、世界銀行はかねてより年金積立金管理運用独立行政法人（GPIF）と債券のESG投資についての共同研究を行っており、ここでも債券の社会的リターンを金融リターンのように定量化できない点がESG債の普及の障害の一つと指摘されている。実際、多くの日本の機関投資家は、「ESG投資のために金融リターンを犠牲にすることはできない」との方針を明確にしている。主たる理由は、ステークホルダーに対して合理的な説明ができないためと理解される。

こうしたなか、世界市場でのグリーンボンド発行量は急速に拡大しており、需給アンバランスの問題は徐々に改善の方向に向かっている。一方、「社会的リターン」の定量化については、解決までの道のりは相当に長い。これについて発行体がまず強化すべき点は、債券投資がもたらす「社会的成果」についてより詳細かつわかりやすい情報開示を進めていくことであろう。たとえば、世界銀行が発表する成果レポートの多くはマクロ視点での成果が中心となっているが、これを国別や融資金額対比で整理して同時発表するだけでも、投資家が自らの投資規模に応じた社会的成果を実感しやすくなるであろう。

一方、返済能力を発行体の信用力のみに依拠するこれまでのESG債券に加え、プロジェクトリスクをとってでも特定の分野に直接的に貢献したいとの需要もあり、プロジェクトボンドのような新型債券の発行も有効であろう。こうした新型債券の発行が増え、伝統的な信用格付に基づく価格の債券とプロジェクトボンドの価格差のデータが蓄積していけば、「社会的リターン」定量化にとって重要な情報源になると考えられる。

世界銀行は2017年6月に、損害保険のプロを対象とした史上初の「感染症ボンド」を発行したが、予想を大きく上回る需要を新たな投資家層からも得られた。債券の社会的リターンを明示することで、より大規模な案件を実現できた好例であった。こうした事例を着実に積み重ねていくことが、ESG債券の発展にとって不可欠であり、今後ともすべての市場参加者のご尽力に期待したい。

〔世界銀行　有馬　良行〕

> コラム

ESG債の本質的価値
―発行体の信用力とプロジェクトの質―

　標準的なESG債の特徴は、資金使途を環境や社会的問題の解決に向けて取り組むプロジェクトに限定しながらも、投資家は発行体全体の信用力とより安定したキャッシュフローから恩恵を受けることにある。こうしたプロジェクトは単独でみれば格付が低くなる傾向があるが、発行体の高い信用力によってプロジェクトのリスクを軽減し、相対的に有利な資金調達を実現している。また、環境・社会的プロジェクトのために資金を確保している限り、幅広い事業体がESG債を発行することができる。これらの特徴は、ESG債のプライシングにおいてきわめて重要である。ESG債の信用力が発行体の信用力で担保されている以上、理論的には、同じ発行体でラベルのない一般的な債券との比較においてパフォーマンス格差が生じることはない。

　しかしながら、限られたデータではあるがグリーンボンド市場では、同じ企業によって発行されたグリーンボンドが非グリーンボンドをわずかながらもアウトパフォームしていることが観察された（特にクレジットイベント発生時）。ただ、これは単に、需要に対しグリーンボンドの供給がいまだ小規模であることや、長期保有を基本とするグリーン投資家等の存在によって取引フローも少ないために、その希少性が価格変動を抑えている影響とも考えられる。

　一方、グリーンボンドはグリーンではない企業も発行できることから、グリーンボンドのパフォーマンスが全般的に非グリーンボンドよりも優れていると決定づけるのはむずかしい。しかし、環境に配慮した企業が優れたリターン／リスクを提供する潜在性はある。グリーン要素が、優れた信用パフォーマンス、ひいては優れた財務パフォーマンスに寄与する理由は、グリーンプロジェクトに取り組むことがガバナンスの改善につながる可能性、グリーンボンドが気候変動に関する新しいテクノロジーを提供する企業により発行された場合、長期にわたって市場シェアを確保できる可能性、その結果、グリーンではない企業の信用悪化から保護される可能性などが考えられる。つまり、市場がより環境に配慮したアプローチを企業に期待するなか、グリーンボンドを発行すること（グリーン要素）がそのアピールとなり、信用および財務パフォーマンスのボラティリティ上昇に対するプロテクションとなっている可能性がある。そしてこれは、グリーンというラベルの有無にかかわらず、どの企業がグ

リーンに移行しているのかに焦点を当てるべきであることも示唆している。

　前述のように、ESG債の標準的スキームでは、信用力は発行体全体の信用力に依拠している。一方、環境・社会的パフォーマンスは、発行体のビジネスの一部を構成するプロジェクトの成否によって決まるため、根底にあるプロジェクトの質が、ESG債の評価プロセス上の差別化要因になっていない。とはいえ、繰り返し発行されるESG債によってファイナンスされたプロジェクトが急激な地域経済の悪化や社会問題の高まり等によって失敗した場合、キャッシュフローが悪化し、発行体の信用力低下につながればこの限りではない。発行体がESG問題に注力するにつれ（全事業に対する環境・社会的事業のウェイトが高まるほど）、発行体の信用力とプロジェクトの成否との相関関係が強まることになろう。また、発行体が利益に相応しない多くの環境・社会的投資を行えば、発行体の信用リスクが潜在的に高まることも考えられる。一般的に、発行体の信用格付が高いほど、プロジェクトの失敗が発行体の信用力に与えるインパクトは小さくなるが、脆弱なESGポジショニングは信用悪化をもたらし、リスクプレミアムの上昇要因となろう。

　今後、ビジネス環境が変化する過程で、プロジェクトの質が発行体の信用力に影響を及ぼすようになれば、プロジェクトの透明性や発行体の堅実なESG戦略（持続可能性への貢献）が、より多くの投資家を惹きつけ、ESG債のより厳密な評価に結びつくものと思われる。また、こうしたESG戦略の良好なパフォーマンスが投資家にとって重要なメルクマールであることがマーケットや発行体に認知されれば、それがESG債を発行していない発行体への発行のインセンティブとなり、ESG債市場のさらなる発展につながっていくことが期待される。

〔野村アセットマネジメント　河岸　正浩〕

コラム

ESG債市場の目的と社会的コストの負担

　「社会的コストをだれが負担すべきか」。

　本論でも触れられているとおり、ESG債のプライシングについて突き詰めて議論していくと、「ESG債市場の持続的発展に関する研究会」でもそうだっ

たように、最終的にこの命題に行き着いてしまう。そして、この命題が簡単に答えの出る類の問題ではないことを痛感させられる。

　元来、ESG関連の課題解決は主に公的機関によって実施され、そのコストも公的機関が負担していた。より厳密にいえば、中央・地方の財政運営を通じ、税金やさまざまな公的負担のなかで社会全体、私たち国民一人ひとりが間接的に負担していたものである。世界各国の財政悪化や金融市場の発達、事業の高度化・効率化を企図した民間主体へのシフト等のため、それらを民間の資本市場から調達する流れが加速しているが、その過程において直接的にどの主体がコストを負担するかたちになろうと、それらが最終的に広く社会によって負担される点は不変であろう。仮に、事業者が負担するならば、事業者や株主の利益の減少につながり、銀行や年金、保険会社等の機関投資家が負担すれば、預金利息や貸出金利、年金利回り、保険料等を通じて消費者に転嫁され、いずれのケースでもその影響は乗数的に経済全体に波及することになる。

　ただし、民間資本市場へのシフトが新たな付加価値を生むのであれば、そこにコスト負担の源泉を求めることも可能かもしれない。しかしながら、ESG債の生み出す付加価値は、少なくとも現状のESG債の商品性においては、本論であげられている発行体のPR効果や投資家にとっての債券価格の下方硬直性に限られる。特に、後者については中長期的に効果が大きく現出するケースがきわめてまれであることをふまえると、その源泉とは到底なりえないと考えるべきであろう。

　投資家の多くが「経済的リターンが同条件であればESG商品に優先して投資する」というスタンスをとっているが、これはまだ社会的コストを含めた投資リターンがその背後に存在する最終受益者（顧客等）に訴求しえないと考えているためであろう。一方でESG債発行を検討する発行体の動機として発行条件のタイト化を望む声が大きいのだから、今後のESG債市場の発展を危惧する向きがあるのも当然である。

　この根本的なスタンスのミスマッチは、そもそもESG債市場の目的を何に置くかが明確でないことに起因するように感じる。将来に必要と予想される膨大な資金を民間市場から調達することを目的とするなら、コストは事業の収益から拠出し、金融市場にはESG関連事業への資金提供を優先させることを期待すべきである。その場合、今後大きな課題となるのは、いま以上に多くのESG課題の解決を、利益の創出できる事業として成り立たせる産業界の発展かもしれない。この流れが発展していけば、非ESG債・企業への投資を敬遠

するダイベストメントに昇華するはずである。

　一方で、社会的コストの負担経路を多様化する、すなわち投資家経由でも課題解決のコストを負担させることに主眼を置くのであれば、社会的コストをふまえた投資や企業に対する評価を一般消費者レベルにまで社会全体に浸透させる必要があるし、その前段階として当該債券の社会的インパクトを厳密に提示する仕組みも必要になる。それなくして投資家にコスト負担を求めるかたちでの発展を望めば、投資家は受託者責任や競争環境の束縛から逃れられず、自社のPR効果等に見合う規模でしか取り組めないことから、逆に市場の拡大の足枷になるというジレンマに陥ることになる。

　おそらくどちらの要素もESG債発展の目的に含まれるのかもしれないが、後者の必要条件は一朝一夕に整うものではなく、当面は前者を主眼としつつ、各市場関係者が不断の取組みで協力していくことが大事ではないだろうか。

〔第一生命保険　平林　大〕

コラム

社会的インパクトとグリーンプレミアム

　ESG債の価格が通常の債券より高くなる（利回りが低くなる）ことがあるとしたら、その現象はどのように理解できるだろうか。すなわち、ESG債のもつ社会的インパクトに対してグリーンプレミアムがつくとは、どういうことだろうか。

　上場株式を対象にしたESG投資は、ESG要因の考慮が中長期的な投資リスクの低減やリターンの向上につながるとの仮説に基づくことが多い。これは、ESG要因がもたらす経済的リターン（リスクの低減も含む）に価値を見出す見方である。債券投資の場合にも、ESG要因の考慮が信用リスクの低下につながるといった、経済的リターンに結びつけた仮説は考えうる。もちろん、仮説が正しいかどうかは、検証する必要がある。

　これに対してESG債の場合には、その社会的インパクト自体に価値を見出す投資家が存在する。たとえば、アセットオーナーのなかには、一定額までグリーンボンドやサステナビリティボンドに投資することをコミットするケースがある。「同じリスクで、同じリターンなら」グリーンボンドに投資したいと

いう投資家もいる。これらは、経済的リターンへの影響とは別の判断であるから、ESG債のもつ社会的インパクトに価値を見出しているといってよいだろう。ただし、それはグリーンプレミアムを許容するということと同義ではない。同じリスク・リターンならESG債のほうを選ぶというだけで、ESG債だという理由で利回りの低下を受け入れるとは限らない。

それでは、同じリスク・リターンで社会的インパクトの高いものを選べるとは、どういうことだろうか。この点を検討するために、いま、市場に2種類の投資家がいると仮定しよう。社会的インパクトには特に価値を感じない投資家と、社会的インパクトにも一定の価値を見出す投資家である。前者を伝統的投資家、後者をグリーン投資家と呼ぶことにしよう。

伝統的投資家はリスクとリターンという2次元の評価軸をもつ。これに対してグリーン投資家は社会的インパクトにも価値を置くので、リスク、リターン、インパクトという3次元の評価軸（判断基準）をもっていることになる。

このとき、リスクとリターンは同じで、社会的インパクトだけが異なる2種類の債券があったら、どうなるだろうか。債券Aと債券Bは同じリスク、同じリターンだが、Aは社会的インパクトが高く、Bは低いと仮定する。伝統的投資家にとって社会的インパクトは価値をもたないので、AとBは無差別である。したがって、もし市場に伝統的投資家しかいなければ、市場でこの2つの債券は区別されない。その結果、同じ価格で社会的インパクトの異なる債券が共存することになる。

次に、伝統的投資家のうち、ごく一部がグリーン投資家に置き換わったとしよう。彼らにとってAとBは無差別ではない。同じリスク・リターンであれば、社会的インパクトの高いAに投資するだろう。しかし、Aの発行額に比べてグリーン投資家の規模が小さければ、価格は変わらない。Aの需給がタイト化して価格が上がれば、相対的に有利なBのほうに伝統的投資家の需要が流れるからである。グリーン投資家は全員Aに投資し、伝統的投資家はAの残りとBに投資することになるだろう。したがってグリーン投資家は、同じリスク・リターンでインパクトの大きい債券に投資できることになる。

この時点では、グリーン投資家にとって、判断基準がリスクとリターンにインパクトを加えた3次元に拡張しているとしても、リスク・リターンの次元とインパクトの次元は独立しており、相互に影響していない。つまり、経済的リスク・リターンと社会的インパクトにはさまざまな組合せがあり、市場には同じリスク・リターンでインパクトの高いものもあれば、低いものもあるという

状況だということである。

　だが、グリーン投資家の割合がさらに増え、市場の大多数がサステナビリティを重視して行動するようになれば、インパクトの高いＡに投資が集中し、その分価格が上がることになるだろう。リスク・リターンの次元とインパクトの次元は、もはや独立ではなくなり、社会的インパクトに対してグリーンプレミアムがつくことになる。

　現状ではグリーンボンドといっても、実際に購入している投資家はグリーン投資家ばかりではなく、通常の投資判断の一環として買っている投資家も一定程度いるといわれる。そうだとすれば、そこにプレミアムはついていない、と考えるべきだろう。伝統的投資家も投資できるのであるから、経済的な意味でリスクに見合う適正なリターンとなる価格がついているはずである。

　それは、サステナビリティに価値を見出すグリーン投資家にとっては、同じ価格（同じリスク・リターン）で、サステナビリティ価値の高いものを買えるのだから、恵まれた状況といえるだろう。一方、発行体にとっては、同じ利回り、すなわち同じ価格なので、資金調達上のメリットはない。投資家層を広げられる、社会にアピールできるといった、価格とは別のメリットがあるために発行していると考えられる。

　買い手（投資家）にグリーン投資家と伝統的投資家がいる場合、発行価格を上げていけば、伝統的投資家は脱落していき、グリーン投資家だけが残るのだろう。いまはそこまでしていないとしても、グリーンプレミアムはつきうるということである。

　実際にサステナビリティの価値が市場でどの程度受け入れられ、社会的インパクトがどの程度価格に織り込まれているかは、今後、グリーンプレミアムの有無等を通して実証的に検証していくべきことである。一方、議論の出発点として、なぜ投資家が社会的インパクトに価値を見出しうるのかは、別途検討が必要だろう。個人投資家の場合には、サステナビリティを重視したいという個人の選好（sustainability preferences）が基礎になると考えられる。一方、機関投資家の場合にはユニバーサルオーナーシップが根拠になると思われる。これは、中長期的な運用成果が経済全体の動向に左右される大規模な投資家にとって、経済活動の基盤となる環境や社会の持続可能性を守ることが、結局は中長期的な投資リターンを守ることになるという考え方である。したがってユニバーサルオーナーの動機は論理的には経済的リターンに結びつく。ただし実際に社会的インパクトにどの程度投資することが、どの程度の中長期的リター

ンとなって返ってくるかを実証的に測定することはむずかしい。では、どのような基準で判断すればよいのかは、今後の検討課題であろう。

〔高崎経済大学　水口　剛〕

第 **10** 章

ESG債の外部評価

外部評価とは何か

　債券においては、その信用力に関して格付会社がAA格、BBB格といった格付を付与することで債券を評価し、投資家はその信用格付等をもって、債券の価値を判断している。信用格付は、債券価格を構成する大きな要素であり、市場の価格発見機能に大きな影響をもっている。これに対して、グリーンボンド、ソーシャルボンド等のESG債には、信用格付に加えて、外部評価といった通常の債券には存在しない要素が重要な位置づけとなっている。ESG債における外部評価とは何なのか。

　国際資本市場協会（ICMA）のグリーンボンド原則（GBP）やソーシャルボンド原則（SBP）によれば、外部評価には、セカンド・パーティ・オピニオン（second party opinion、SPO）、検証（verification）、認証（certification）、スコアリング／格付（green bond scoring/rating）の4種類が例示されている。外部評価にはいくつかの形態があるが、その目的はいずれの形態においても、ESG債に関して、ICMAのGBP2018、環境省の「グリーンボンドガイドライン　2017年版」等のガイドライン等に適合していることを示すためであり、ESG債であることの「お墨付き」として市場からとらえられている。

　一方で、外部評価が付与されていないESG債券も存在する。世界銀行等の国際機関は、環境・社会等をテーマとした債券を発行しているが、これらの債券はガイドラインへの適合に関する評価を得ていないケースが多い。これは、ガイドラインの公表以前から国際機関である発行体の存在そのものがESGの実現を目的としており、その発行体が発行する債券はESGをテーマとした債券であることが、金融市場に浸透していることが主因とみられる。

　本章においては、グリーンボンド、ソーシャルボンドに付されている外部評価の位置づけ、意義、またその課題を考えていきたい。

外部評価は必要なのか

　ICMA、環境省等の各ガイドラインによれば、外部評価の位置づけは、取得が奨励されるが、必須とされているわけではない。一方、英国のグリーンボンドの認定・普及促進機関である気候債券イニシアチブ（CBI）による気候ボンド基準（CBS）および欧州委員会が設立した「サステナブルファイナンスに関するハイレベル専門家グループ（HLEG）」の2018年1月の最終報告書で示された欧州連合（EU）レベルのグリーンボンド基準（EU GBS）の素案においては、取得することが必須とされている[1]（図表10－1参照）。

図表10－1　主なESG債の原則・ガイドラインにおける外部評価の位置づけ

主なガイドライン（公表主体）	外部評価の位置づけ
グリーンボンド原則2018（ICMA） ソーシャルボンド原則2018（ICMA） （サステナビリティボンド・ガイドライン〔ICMA〕）	原則の4要素への適合について外部評価を奨励（recommend）
グリーンボンドガイドライン　2017年版（環境省）	外部機関によるレビューを活用することが望ましい
気候ボンド基準（CBI）	CBIによって選定されている評価者（verifier）によって認証（certification）を得ることが必須
ASEANグリーンボンド基準（ACMF） ASEANソーシャルボンド基準（ACMF）	選任は任意（voluntary）。ASEANにおけるESG債起債が初期段階であることから外部評価者の経歴や実施された評価の観点に関しては開示されるべきと位置づけている
グリーンボンド基準（HLEG）	外部評価者は最低でもEU GBSに適合していることを確認し、公表する必要がある

注：ACMFは、ASEAN資本市場フォーラム。
出所：ESG債の各原則・ガイドライン等より野村證券作成

---

[1] High-Level Expert Group on Sustainable Finance, *European Commission, Final Report 2018—Financing a Sustainable European Economy,* 31 January 2018, p.32.

ICMAが2018年6月に発表した投資家向け調査によれば、外部評価を必要とすると回答したのは回答者の37％にとどまっている[2]。ただし、評価内容に関する透明性と比較可能性、明確な独立性、グリーンのパフォーマンスおよびインパクト指標の使用による差別化によって、外部評価に対する必要性の向上が見込めるとされている。

　世界銀行が2008年11月、世界で初めてグリーンボンドの名称で債券を発行した際、ノルウェーの評価機関であるオスロ国際気候環境研究センター（CICERO）が世界銀行のグリーンボンドフレームワークに対してセカンドオピニオンとしての外部評価を提供した。これが世界初のグリーンボンドに対するセカンドオピニオンとみられる。このセカンドオピニオンにおいては、グリーンボンドの資金使途となるプロジェクトの適格性、モニタリングと定期的なレポーティングに関して評価が行われており、各プロジェクトについてGoodもしくはMediumという評価のレベルとグリーンプロジェクトおよびその裏側にある留意点が記述されている。たとえば、太陽光、風力発電設備への投資は野生動物への生態系への悪影響を留意点としてGoodの評価が行われている。

　グリーンファイナンス関連のメディアであるEnvironmental Financeによると、グリーンボンド市場が拡大期に入った2017年には、ESG評価会社、格付会社、監査法人等のグローバルに展開する外部評価者に加えて、中国での自国の専門機関による外部評価等、多様な評価者が市場に参加している[3]。また、30.2％の発行事例においては外部評価が得られていなかった。

　外部評価は、グリーンボンドやソーシャルボンドのようなESG債における大きな特徴であるが、ESG債市場が発展途上であるのと同じように、外部評価の役割や取扱い方は、各国市場においてさまざまであり、ESG債市場の進

---

[2] 同調査は、グリーンボンド原則（GBP）およびソーシャルボンド原則（SBP）のバイサイドのメンバー51社が回答している。(International Capital Market Association, *Summary of Investor Survey among GBP/SBP Buy-Side-Members & Observers*, 8 June 2018)

[3] "Green Bonds: Review of 2017," *Environmental Finance*, 16 February 2018, p.12.

展により、今後改善され、強化されていくことが想定される。

外部評価者に求められる要素

　ICMAのGBPにおいては、外部評価は任意ながらも、その取扱いに関しては2018年に行われた改訂を通じて重要な変更が行われた。改訂が行われる前のGBP2017においては、外部評価の一つとしてコンサルタント・レビューがあげられており、その役割はフレームワークの策定やレビューにおいて専門性を有し、発行体へ助言を行う機関やコンサルタントが行うものとしていた。そのため、投資家に対してGBPへの適合についての意見表明を行う外部評価者が発行体に対してグリーンボンド組成に係る助言を行い、深くかかわる構図があり、投資家との利益相反を生み出す可能性が懸念されていた。

　GBP2018においては、GBP2017に記されていたコンサルタント・レビューの形態が、発行体からの独立性が確保されたセカンド・パーティ・オピニオンに変更されている。セカンド・パーティ・オピニオン提供者は、発行体のフレームワークに助言するコンサルタント等の立場とは異なるアドバイザーとするか、発行体となんらかの関係をもつのであれば、組織内の情報隔壁等の設置等により独立性が求められることになった。

　ICMAはGBP2018を発表した2018年 6 月、外部評価者の独立性・中立性を保つために外部評価ガイドラインを公表した[4]。同ガイドラインは、ICMAが外部評価者の協力のもとで作成しており、ベストプラクティス（最善の慣行）の進展を促すことを目的として策定されている。前述のICMAによる投資家向け調査における外部評価に対する投資家の懸念となっていた独立性の担保と評価内容に関する比較を行いやすくすることにその趣旨があると考えられる。

　外部評価ガイドラインにおいては、外部評価者の独立性に加えて、 5 つの

---

[4] International Capital Market Association, *Guidelines for Green, Social and Sustainability Bonds External Reviewers*, June 2018.

基本的な倫理的かつプロフェッショナルとしての規範（一貫性、客観性、専門的能力と相当な注意、守秘義務、プロフェッショナルな行動）に従うべきである旨が示された。格付会社、会計事務所が外部評価機関の役割を担う場合には、業種で定められた規制制度、職業規範に準拠することが求められる等、外部評価を行う者はさまざまな業種横断的な行為規制や国際標準化機構（ISO）の基準の適用についても留意する必要があると記されている。

加えて、外部評価のサービス提供にあたっては、(1)外部レビューを実施するための組織、業務手順、関連するインフラの整備、(2)提供する外部レビューの領域での必要な経験と適性を備えた適格な人材の雇用、(3)（必要に応じて）専門職業人賠償責任保険の契約への言及、を確実に実施することが求められている。

外部評価ガイドラインにおいては、外部評価機関がその評価サービスを行う際に査定、審査、評価すべき項目に触れられているほか、外部評価者のレビューのフォーマットが準備され、その項目で外部評価の比較を容易にするための配慮も行われている。

外部評価ガイドラインは、前述した投資家向け調査の結果から懸念される外部評価の必要性を高めること等が主眼となっており、市場が急速に拡大する状況で外部評価の質と透明性を向上させる施策と解釈される。

外部評価には何が求められているのか

ESG専門調査機関、格付会社、会計事務所等の多様な外部評価者がグリーンボンド、ソーシャルボンド、サステナビリティボンドに外部評価を提供しているが、個々の外部評価者によってアプローチはさまざまとなっている。

評価報告においては、基本的にGBPやSBP等への適合性が評価されており、ラベルが付与された債券として適格か否かの情報を投資家に提供している。外部評価のプロセスとして、「資金使途・プロジェクトを中心としたフレームワークの評価」と「発行体のESG評価」を一体として行う手法と、そ

れぞれを個別に行い総合評価を導き出す手法をみることができる。

　外部評価者の評価がどのような項目で構成されているかについて、サステイナリティクス、ヴィジオおよび格付投資情報センター（R&I）を例として取り上げ、紹介する。

1　サステイナリティクス

　サステイナリティクスは、オランダに本拠をもつ評価会社で、グローバルなリサーチネットワークを有するResponsible/ESG投資専門のリサーチおよびレーティング機関である。同社のセカンド・パーティ・オピニオンの典型的な構成（日本の場合）は、図表10－2のとおりとなっている。

図表10－2　サステイナリティクスのセカンド・パーティ・オピニオンの典型的な構成（日本国内で提供されたオピニオンの場合）

・はじめに
　　　発行体との契約内容およびリサーチに関する具体的なプロセスの内容について
・発行体概要
　　　発行体の沿革、事業内容、発行体のESGへの取組み
・フレームワークの概要
　　　発行体が策定したGBPの4要素に沿ったフレームワークの内容の説明
・サステイナリティクスのオピニオン
　　　セクション1：フレームワークに対してGBP4要素に適合していることに関するサステイナリティクスのオピニオン
　　　セクション2：発行体のサステイナビリティ戦略とフレームワークの関連性についての評価
　　　セクション3：調達資金の使途が環境への改善効果に貢献するかに関する評価
　　　結論：フレームワークに対する総合的評価

出所：サステイナリティクスの各種セカンド・パーティ・オピニオンより野村證券作成

2　ヴィジオ

　ヴィジオは、フランスに本社を置くESG調査・格付会社であり、英国のアイリスとの経営統合によりヴィジオ・アイリス（Vigeo Eiris）のブランド名で事業を展開している。同社のセカンドオピニオンの構成は、図表10−3のようになっている。

3　格付投資情報センター（R&I）

　格付投資情報センター（R&I）は、日本を代表する格付会社であり、信用格付をはじめ年金運用コンサルティング・投信評価など、さまざまな金融情報サービスを提供している。同社は、グリーンボンド発行体にグリーンボン

図表10−3　ヴィジオのセカンドオピニオンの構成

・本セカンドオピニオン発行の背景
　　　　発行体からの依頼内容とリサーチ方法とその期間
・ヴィジオによる意見表明
　　　　発行体レベルと債券レベルから判断されたGBPへの適合に関する意見表明、持続可能な発展への貢献度合いについての保証水準を合理的、中程度、劣る、の3段階で評価
・外部評価
　　　　発行時のコンサルタント・レビューに加えて、発行後レビューの範囲等その実施内容、ほかの評価の有無
・詳細結果
　　　　パート1：発行体レベルの評価
　　　　　　　　発行体レベルでのESGパフォーマンスの評価を先進的、良好、限定的、劣る、の4段階で評価、ESGに関するステークホルダーとの係争の有無とその内容について
　　　　パート2：債券レベルの評価
　　　　　　　　債券レベルの評価についてGBPの4要素に従って評価
・評価手法
　　　　発行体レベルと債券レベルの評価についての分析・評価方法について

出所：ヴィジオの各種セカンドオピニオンより野村證券作成

図表10-4　R&Iのアセスメント報告書の構成

・対象債券および評価の概要：社債の名称、発行体、5段階の評価符号およびセカンドオピニオンの結果、評価理由等
・発行体の概要：発行体の概要、環境への取組み、グリーンボンド発行の背景等
・グリーンボンドフレームワークの概要：GBP 4要素各項目における発行体のフレームワークの内容
・グリーンボンドフレームワークに対する評価（セカンドオピニオン）
　　　GBP 4要素の各項目に対する主な評価の根拠とその評価を行い、総合評価としてセカンドオピニオンを提供する
・本グリーンボンドに対する評価
　　　フレームワークへの評価を基に、具体的な個別のグリーンボンドの評価をGBP 4要素と発行体の環境活動の5つの項目で評価する
　　　5つの項目ごとの評価結果を5段階の葉っぱの枚数で表し、総合評価としてGA 1～GA 5の5段階の符号を示す

出所：R&Iの各種アセスメント報告書より野村證券作成

ドアセスメントを提供しており、その評価結果はGA 1（最高位）からGA 5までの5段階評価で示される。これに加えて、GBP等への適合性に関するセカンドオピニオンも提供している。

R&Iのアセスメント報告書（予備評価、セカンドオピニオンを含む場合）は、図表10-4のような構成になっている。

以上のセカンド・パーティ・オピニオン、アセスメントを行う3社の評価報告書の構成を比較すると、各社の報告書の構成の違いに加え、内容、評価判断の項目、評価の段階の提示に違いがあることがわかる。なお、評価の段階に関しては、CICEROによるShade（色合い）を使用した評価レベルの表現も有名である。同社の場合、グリーンボンドの評価を、どの程度気候変動リスクに抵抗力がある低炭素プロジェクトであるかといった尺度で、ダークグリーン、ミディアムグリーン、ライトグリーンの3段階に色分けし、グリーンボンドとみなされない場合はブラウンと評価される（図表10-5参照）。

このような違いは、各外部評価者の個性として、広く市場に受け入れられている。セカンド・パーティ・オピニオンの内容としても、フレームワー

第10章　ESG債の外部評価　175

図表10−5　CICEROのグリーンに関するShade（色合い）

色合い	説　明	例
濃いグリーン （Dark Green）	低炭素であり、気候変動リスクに長期的視点で対応すると評価できるプロジェクト	周辺地域の環境にも配慮が行われている風力発電プロジェクト
中間のグリーン （Medium Green）	長期的視点での取組みを行っている途上にあるプロジェクト	プラグインハイブリッド型バス
薄いグリーン （Light Green）	環境に配慮されてはいるが、受動的であり、長期的視点に立っているものではないプロジェクト	化石燃料によって稼働する設備のCO_2排出量を減少させる効率化投資
茶色 （Brown）	長期的視点に立った低炭素化、気候変動への抵抗力に該当しないプロジェクト	石炭関連の新たな設備投資

出所：Center for International Climate Research（CICERO）, *CICERO Shades of Green*, 30 April 2015より野村證券訳

ク、GBPの4要素[5]への適合状況を示した「取扱説明書」と、グリーンボンドとしてのレベルに言及した「評価鑑定書」といったスタイルの違いがある。発行体は、一般的に、起債を行う際にどの外部評価者を選択するかを、予定するグリーンプロジェクトへの評価の実績、起債日程、コスト等で判断している。一方、投資家側が各外部評価者の個性の違いにより、どの外部評価者を受け入れるのかを選択することも、論理的には考えうる。

　外部評価は、前述のとおり、GBPやSBPにおいて奨励されているとはいえ、任意とされている。とはいえ、すでにグリーンボンド、ソーシャルボンドの重要な要素として外部評価が位置づけられており、債券の価値を左右する発行条件、重要視されている資金使途等に加え、外部評価の内容がESG債券の投資判断に影響を与えることも想定される。

　外部評価者の評価内容や報告内容の違いに加え、各外部評価者のグリーン

---

[5] 4要素は、調達資金の使途、プロジェクトの評価と選定のプロセス、調達資金の管理、レポーティングの4つ。詳細は、第2章を参照されたい。

ボンドの追加性（additionality）における判断の幅も、観察されている。たとえば、化石燃料の使用に関しては一般的にグリーンボンドの資金使途としては適切ではないと考えられているが、船舶におけるLNG燃料の使用のように、従来よりもCO_2排出の点で改善が見込まれ、現時点で最良の選択肢と判断される場合には、資金使途として認められる事例も散見される。

このほかにも、外部評価者の判断が異なる事例が散見され、外部評価者がすべて均一な価値観、スタンスによって外部評価を行っているわけではなく、多くの起債案件を通じて、各社のスタンスの違いが明らかになりつつあるといえる。

このような評価者による評価の違いは、従来から信用格付においても認識されてきた。金融市場においては、公正な意見表明であれば、どの格付会社がどのように信用力を評価し、格付の指標として公表するかは、格付会社の個性ととらえられており、均一な判断は求められていない。

外部評価者についても、各社の個性が受け入れられるのか、個性が投資判断に影響することになるのかは、投資家がどの程度外部評価者を必要とするのかにもよると考えられる。まずは、外部評価者への信頼感を醸成することが市場の発展に向けて必要になるだろう。

ESG債市場の持続的成長と外部評価

前述のとおり、ICMAによる投資家向け調査によれば、ESG投資の際に外部評価が必要と述べたのは、全回答者のうち37％だった。たしかに、自社でESGのリサーチ機能を有し、ESGの投資方針を確立している投資家ならば、外部評価の内容というよりは、独自の分析を主軸に投資判断を行うことができるだろう。当該調査は、そのような投資家を対象にしているとも考えられる。だが、今後、グリーンボンド、ソーシャルボンドの発行事例が増加し、市場が広がれば、多くの投資家が参加することによって裾野が広がると想定される。今後、新たに参入するすべての投資家が充実したESG投資への対応

を行い、ESG債の投資プロジェクトが与えるインパクトを適切に評価できるとは限らない。市場が拡大し、投資家層が厚みを増すことで、より専門的な分析、評価を行っている外部評価者がさらに活用されることになると考えられる。

評価機関が提供する価値とは

　通常の債券投資では、多くの投資家は投資判断を行うに際し、発行体および発行債券の信用格付に依拠している。そのため、格付の信頼性が毀損した場合には、債券価格にネガティブなインパクトが生じうる。たとえば、2007年には、米国で住宅ローン証券化商品の格付見直しを通じて、債券市場で大幅な価格下落が起こり、リーマン・ショックの要因の一つになるなど、大規模な金融危機を引き起こす原因になったことは、記憶に新しい。

　グリーンボンドにおける外部評価で最近注目されるのは、2017年9月にメキシコ・シティ・エアポート・トラスト（Mexico City Airport Trust）によって発行されたグリーンボンド（総額60億米ドル）の事例である。このグリーンボンドは、総工費が133億米ドルにのぼる2020年開港予定のメキシコ・シティ新国際空港建設に係るグリーンビルディング、再生可能エネルギー、エネルギー効率、水管理、廃水管理、汚染対策、環境保全、生物多様性保全を資金使途とした世界最大規模のもので、空港新設事業に向け資金調達する初のグリーンボンドとして注目された。当該グリーンボンドには、ムーディーズがGB1（excellent）、S&PがE1/77のグリーンボンド格付の最高評価を行うとともに、サステイナリティクスがセカンド・パーティ・オピニオンを提供した。

　2018年7月に選出され、同年12月に就任したメキシコの新大統領であるアンドレス・マニュエル・ロペス・オブラドール氏は同年10月下旬に非公式な住民投票を行い、その結果、3分の1まで進捗していた新空港建設計画を中止することを発表した。2018年12月3日に発行体であるメキシコ・シティ・エアポート・トラストによるグリーンボンドの公開買付けが発表されると、グ

リーンボンドとして調達した資金の使途となるプロジェクトが廃棄される可能性が高まったとして、ムーディーズは翌12月4日に当該グリーンボンドに付与していた評価をGB1から最低ランクであるGB5に引き下げた[6]。引下げの背景としては、充当予定の資金は同等の適格性のあるプロジェクトに充当されるはずであるにもかかわらず、その確認がとれておらず、空港建設中止に関して公式な発表は行われていないものの、債券の公開買付けの実施によって資金使途であったプロジェクトが中止になる蓋然性が高まったとしている。

当該グリーンボンドは、空港事業から生じるキャッシュフローが償還・利払いの原資になっていることもあり、新大統領が空港建設中止を発表した後、ムーディーズは2018年10月29日、信用格付についてもBaa1からBaa3へ引き下げており、同グリーンボンドの価格下落が観察されていた[7]。債券の価格は同年12月3日の公開買付け発表後は上昇しており、グリーンボンドの評価の引下げの影響は観測できないものの、プロジェクトの中止により、グリーンボンドとしての意義が失われた事例となった。

この事例は、政権の交代という突発事項によって、資金使途となるプロジェクトがなくなってしまったケースであるが、資金使途となるプロジェクトが技術の発展により陳腐化し、より効率の高い環境技術が登場した際に、グリーンボンドとしての評価がどのように変化し、位置づけられるのか、といった課題が生じることが想定される。

外部評価の信頼性はどのように担保されるのか

前述したように、投資家の裾野が拡大すれば、グリーンやソーシャルといったラベリングされた債券に対して、外部評価への依存が進むことも想定

---

[6] Moody's, *Moody's Lowers Green Bond Assessment on Mexico City Airport Trust's Senior Secured Notes to GB5 from GB1*, 4 December 2018.
[7] Moody's, *Moody's Downgrades Mexico City Airport to Baa3 from Baa1; Places the Rating under Review for Further Downgrade*, 29 October 2018.

される。すると、外部評価の内容が投資家の投資判断に影響を与え、債券価格にも影響が生じることもありうる。その場合、ラベリングが適切に付されているのか、資金使途となるプロジェクトにインパクトや追加性が認められるのか等についての評価の信頼性が問われることになる。

　投資家の側でも、投資判断を行うためにどのような情報を必要とするのかを見極め、必要な情報の提供を発行体に要請する、もしくは必要な情報が得られないのであれば投資判断を行わないというようなスタンスが醸成されることが想定される。

　外部評価者の評価に関し、投資判断の要素としての位置づけが、今後高まるのであれば、その重要性に鑑み、なんらかの規制や、規制当局による関与が必要であろうか。起債市場の関係者のうち、引受証券会社、格付会社は、証券関連法による規制を受け、発行会社も主に投資家保護を目的として適正な開示を行うように定められている。その意味で、グリーンボンド、ソーシャルボンドの市場において例外なのは、評価会社のみとなっている。ICMAの外部評価ガイドラインも自発的な取決めであり、拘束力があるものではない。また、ESGに関する高度な専門性は、従来まで債券市場を規制していた金融行政が現時点では十分にカバーできている領域ではないと考えられる。

　前述した欧州委員会によるHLEGの最終報告書によれば、外部評価者については適格性の認定が必要とされており、欧州においてサステナブルファイナンスの監視機関を設立し、適格性の認定の管理を担わせることを提言している。

　外部評価者はESG債の信頼性を高め、市場を牽引する大きな役割を担っている。評価の内容によって債券に価格差が生じる可能性もある。資本市場の参加者がその存在を広く認識し、信頼性を精査することで、どのような評価が市場で必要とされているかを選定する段階になってきていると考えられる。

〔野村證券　相原　和之〕

コラム

SPOがグリーンボンド市場にもたらすもの

　ESG要因を考慮する債券投資として、グリーンボンドの市場が日本でも急拡大している。通常の債券と同様のリスク・リターン・プロファイル、収益性が担保されたなかで、純然たるサステナビリティへの貢献度合いに焦点を当てた投資先選定を可能とするのがグリーンボンドだ。この特徴は、ESG投資のなかでも特に環境・社会インパクト（以下、インパクト）への貢献を重視する投資家を惹きつけてきた。発行体側からみれば、グリーンボンドは投資家の「別ポケット」をねらう資金調達手段、投資家の多様化に資する選択肢としてその存在感を高めてきた。

　インパクト重視の投資家への対応として、グリーンボンドにおけるESG要因の評価と開示は、あくまでも環境課題の克服を中心的な視点としている。株式投資においてESGインテグレーション（企業価値に影響を及ぼすESG要因を特定・評価する評価アプローチ）が定着しつつあるのとは対照的に、独自の発展を遂げてきたといえる。

　欧州投資銀行（EIB）が2007年6月に初めて気候変動対策債（Climate Awareness Bond）を発行してから10年あまりが過ぎた。発行体による自主申告（self-labeled）がベースとなるグリーンボンド評価は、2014年のグリーンボンド原則（GBP）の発行、GBPに基づく専門機関の客観的意見（セカンド・パーティ・オピニオン〔SPO〕）の普及により標準化が進められていった。なかでも、黎明期において発行体・投資家の両者に環境インパクト評価についての十分な知見の蓄積があったとはいえないなか、SPOは市場を機能させるための橋渡し役を担う存在であったといえる。

　世界のグリーンボンド発行額が、1,673億ドル（2018年、気候債券イニシアチブ〔CBI〕の統計による）に達し、市場としての成熟が進むなか、SPOに求められる役割にも変化が生じている。当初のグリーンボンド投資においては、SPOはGBPへの適合性をみるためのフラッグとして活用されてきた。それが、SPOが認証制度と誤解されがちな主な理由でもある。だが、新規に起債されるグリーンボンドのほとんどになんらかの外部評価が付与される今日においては、GBPへの適合はもはや前提条件だ。調達資金によってもたらされるインパクトの「追加性」の多寡によるグリーンボンド間の差別化はすでに始まって

いる。今後はインパクトを維持・管理するうえでの発行体の体制・戦略の妥当性の評価に対し、いままで以上の注目が集まることとなるだろう。

市場全体のグリーンボンドへのニーズは高度化していく。そのようななか、SPOが提示する業種・環境テーマごとのベストプラクティスは、サステナビリティというゴールのみえない取組みの道しるべとなる必要がある。発行体・投資家それぞれの現状と課題を俯瞰しうる存在として、ESG評価機関に課せられた責任は大きい。

〔サステイナリティクス　竹林　正人〕

コラム

信用格付の伝統を受け継ぐ新しい外部評価

ESG債には通常信用格付が付与される。債券である以上、投資家が第一に考えるのは信用力だからだ。この格付会社が2016年にグリーンボンドの外部評価に参入し、同年6月のグリーンボンド原則（GBP）改訂時に外部評価の一類型として「格付」が含まれるようになった。

格付会社は、コーポレートファイナンスやストラクチャードファイナンスに対して信用格付を付与する過程で、さまざまな事業の評価に携わっている。多くの格付会社はキャッシュフローの定量的な評価だけでなく事業上の強み・弱みなど定性面の評価に力を入れている。このような事業評価のノウハウをベースとして、グリーンボンドの調達資金が環境問題の解決に資する事業に充当されている程度に関する評価事業を構築している。

たとえば、格付投資情報センター（R&I）では、再生可能エネルギーのプロジェクトファイナンスの信用格付などの経験に基づき、グリーンボンドで資金調達するプロジェクトに関して事業計画の妥当性を相対的に評価することが可能だ。これに加えてGBP等のガイドラインや欧米等の先行する発行事例を参考にして評価の水準感を醸成することにより、格付会社ならではの新しい外部評価を構築した。こうしてR&Iは2016年、海外においてグリーンボンドの発行が徐々に増えるなかで日本のグリーンボンド市場の発展に貢献すべく、格付会社としては世界で2番目にグリーンボンドの外部評価事業を開始することができた。格付会社の外部評価の特徴はほかにもある。評価の対象としてグリーン

ボンド発行のフレームワークだけではなく、個々の債券にまでフォーカスしている点だ。R&Iでは発行額や年限がグリーン資産と整合するかの確認や、償還までのモニタリングを重視している。

　なお、格付会社はESG債の外部評価事業に新たに参入する一方で、伝統的な信用格付においてもESG情報の分析を強化している。国際連合の責任投資原則（PRI）は2015年、債券投資におけるESG投資を促進することを目的として、「PRI格付声明（ESG in Credit Ratings Statement）」を提唱した。R&Iを含めた署名格付会社は、信用格付におけるESG要素の明確化を進めている。

　格付会社の評価会社として最大の強みは、何といっても独立性を確保できる体制にある。エンロン問題やサブプライムローン問題での失敗を教訓として、格付会社の独立性は立法措置などを含めきわめて強固なものとなった。今後グリーンボンドをはじめESG債市場の健全な発展のためには外部評価会社の独立性が重要なポイントになるだろう。

〔格付投資情報センター（R&I）　森丘　敬〕

第11章

ESG債の
インパクトレポーティング

インパクトレポーティングに関する議論

　ESG債としての特有の価値は、その目的である環境、社会へのインパクトにあり、ESG債を発行・投資する意義は、どれだけ環境問題、社会課題の解決につながるインパクトを創出するかにあるといえる。その意味で、ESG債のインパクトはESG債の肝であり、ESG債への投資によってどの程度の環境的・社会的インパクトが期待されるのか、また、実際にどの程度のインパクトが生じたのかに関するレポーティングは、本来、おおいに注目が集まる情報のはずである。

　ところが、ESG債の発行準備段階やマーケティングにおいて、インパクトの評価手法やレポーティングの内容については、意外とそれほど議論がなされていないようだ。国際資本市場協会（ICMA）のグリーンボンド原則（GBP）やソーシャルボンド原則（SBP）の4つの要素のうち、「調達資金の使途」（資金使途）と「プロジェクトの評価と選定のプロセス」は、資金がどのようなESG関連プロジェクトに投資されるのかにかかわる。「調達資金の管理」は、資金が間違いなくESG関連プロジェクトに投資されることを求めている。そして、4つ目の「レポーティング」では、ほかの3つがしっかりと予定どおり実行されているかについて評価し、開示すべきと指示している。このうち、ESG債の発行実務では、資金使途については長い時間をかけて議論されることが多い一方で、レポーティングについて踏み込んだ議論がなされるケースは多くない。

　気候債券イニシアチブ（CBI）が2017年6月に公表したレポートでは、2016年4月1日までに発行されたラベルのついたすべてのグリーンボンド（国際機関および国際開発金融機関を除く）191件のうち、レポーティングが確認されたのは件数ベースで全体の74％、金額ベースで約88％にとどまったと指摘されている[1]。日本のグリーンボンドのマーケティングにおいても、投

---

[1] Climate Bonds Initiative, *Post-Issuance Reporting in the Green Bond Market*, June 2017.

資家から資金使途に関する質問は出ても、レポーティングの内容について言及がなされることは、現時点ではほとんどない状況である。

これはどうしてだろうか。さまざまな理由が考えられるが、主な理由としてはレポーティングに関する明確な基準がまだ定まっていないことがあげられる。発行体としては、開示する情報が投資家にどのように使われるのかがわからないため、必要な開示の程度について明確な目線が存在せず、あまり手間をかけたくないことから必要最小限の開示ですませようというインセンティブが働きやすい。一方で、投資家としては、発行体による開示事例がまだ少ないことから、開示された情報をどのように活用すべきかの研究が途上にある。こうした鶏と卵の関係に終止符をうつべく、国際的にはレポーティングの枠組みに関する議論も始まっている。

本章では、インパクトの評価に関する論点、およびインパクトレポーティングに関する動向と課題を整理したうえで、今後のあるべき姿を展望することにしたい。

インパクトの評価

レポーティングの中心となるESG債のインパクトは、どのように評価すればよいのだろうか。発行体と同様に、多くの機関投資家も、資金提供者であるアセットオーナーや受益者等に対してESG債投資に係るインパクトを報告する必要がある。ポートフォリオ全体でのインパクトを測定する必要があるため、インパクトは可能な限り定量化でき、また他のESG債と共通の指標を用いることが望ましいと考えられる。その観点から、グリーンボンドでは温室効果ガス削減量（つまりCO_2削減量）が代表的な指標である。

しかし、実際にはCO_2削減量を開示していないケースも多い。「従来に比べて30％の省エネ」といった開示にとどまっているケースもあれば、商業用不動産ではLEEDやBREEAMといったグリーンビルディング認証を取得し

ている旨の開示にとどまっているケースもある[2]。対象プロジェクトが複雑、多量になればなるほど、定量化がむずかしくなることも一因としてあるのだろう。また、グリーンボンドでも、水質改善や環境汚染防止を目的としたプロジェクトでは別の指標が必要となるし、非常に多様なプロジェクトが存在しうるソーシャルボンドでは定量化指標は多岐にわたるうえ、定量化可能ではないプロジェクトも存在しよう。

さらに、国際機関を含む金融機関によるESG債が金融市場において大きな存在感を示しているが（第4章参照）、MTNプログラム[3]で発行される傾向にある。このケースでは、資金使途に多くの適格基準（クライテリア）を記載したフレームワークをあらかじめ策定しておき、実際の起債時は資金使途を「フレームワークの適格基準に合致するもの」として、具体的な資金使途の中身については触れずに起債するケースが多い。こういったケースでは、投資家としては、投資時点ではどの程度の社会的インパクトがあるのかの計測はむずかしく、当該発行体のトラックレコードから推定するといった方法しかない。

加えて、仮にインパクトを定量化できた場合でも、それをどのように評価するかについても課題がある。たとえば、環境改善効果が同じ数値であって

2　LEEDとは"Leadership in Energy & Environmental Design"の略で、非営利団体である米国グリーンビルディング協会（US Green Building Council）が開発し、第三者機関であるグリーンビルディング認証協会（Green Business Certification Inc.）が運用を行っている建物および都市環境に関する環境性能評価システム。BREEAMとは"Building Research Establishment Environmental Assessment Method"の略で、英国建築研究所（Building Research Establishment）とエネルギー・環境コンサルタントのECD（Energy and Environment Canada）によって開発された建築物に関する環境性能評価制度。ほかにも不動産の環境性能にかかわる評価基準や認証制度として、日本では国土交通省の主導のもとで開発されたCASBEE（Comprehensive Assessment System for Built Environment Efficiency）、「建築物のエネルギー消費性能の向上に関する法律（平成27年法律第53号）」に基づく建築物省エネルギー性能表示制度であるBELS（Building-Housing Energy-Efficiency Labeling System）、日本政策投資銀行が日本不動産研究所と共同で運営するDBJグリーンビルディング認証などがある。
3　MTNはMedium Term Noteの略で、中期社債と訳される。MTNプログラムとは、発行体が引受証券会社数社とあらかじめMTN発行に関する包括的な基本契約を結んでおき、その枠内で個別の債券を随時発行できるようにしたものである。

も、国が違えばインパクトの重みは異なり、時間の経過に伴う技術の発達によってもインパクトは変わりうる。従来は貧困等の発展途上国の問題を解決する方法という印象が強かったソーシャルボンドも、足元では先進国における活用についての議論が進んでいる。また、第8章の追加性の議論ともかかわるが、追加性に乏しいと思われるケース、たとえば、ESG債の資金使途がリファイナンスである場合については、開示されたインパクトをどう解釈すればいいのかという論点もある。通常の債券にグリーンボンド、ソーシャルボンドというラベルを貼っただけと思われる債券の場合は、インパクトはあると考えてよいのだろうか。

これらの論点を考慮した場合、可能ならば、インパクトはあくまで客観的な定量指標で開示されることが望ましく、その定量化された数値をどう評価するかは情報を使う側、つまり投資家側に委ねられることが自然のように思われる。

インパクトレポーティングに関する動向と課題

実際に、インパクトレポーティングに関する議論は、まずはインパクトの定量的な開示方法を確立しようという方向で取り組まれている。さまざまな形式で発表されていたレポーティングの内容について調和した枠組みの策定を目指すという意味で、そのような取組みは「ハーモナイゼーション」と呼ばれ、世界銀行グループをはじめとした11の国際機関、機関投資家等が共同で2015年12月に公表したレポートを契機に、議論が加速する傾向にある[4]。同レポートでは、グリーンボンドのレポーティングに関する提言を行うとと

---

4 11の機関は、アフリカ開発銀行（AfDB）、フランス開発庁（AFD）、アジア開発銀行（ADB）、欧州復興開発銀行（EBRD）、欧州投資銀行（EIB）、米州開発銀行（IDB）、国際復興開発銀行（IBRD）、国際金融公社（IFC）、ドイツ復興金融公庫（KfW）、オランダ開発金融公庫（FMO）、北欧投資銀行（NIB）。(World Bank et al., *Green Bonds Working Towards a Harmonized Framework form Impact Reporting*, November 2015)

もに、グリーンプロジェクトのカテゴリーのうち、エネルギー効率と再生可能エネルギーの2カテゴリーについて、図表11－1に示すような望ましいインパクトレポーティング例を、開示すべきメトリクス（指標）とともに示した。

その後、同様のメトリクス策定の取組みが継続し、第8章でも述べたように、ICMAにより、持続可能な水資源および廃水管理（2017年6月）、廃棄物処理および資源効率性（2018年2月）、クリーン輸送（2018年6月）に関してレポートが公表された[5]。これらは2018年12月末現在、ICMAのウェブページにて参照することが可能であり、インパクトレポーティングにおける一種のガイドラインのような役割を担っているといえる。

図表11－1　省エネ、再生可能エネルギー・プロジェクトに関するインパクトレポーティング例（プロジェクトごとの場合）

エネルギー効率	再生可能エネルギー
・プロジェクト名、概要	
・プロジェクトの契約金額	
・プロジェクトの総コストに占める割合（％）	
・契約金額に占めるグリーンボンド適格割合（％）	
・契約金額に占める省エネ部分の割合（％）	・契約金額に占める再生可能エネルギー部分の割合（％）
・調達資金による充当金額	
・プロジェクトの耐用年数（年）	
・年間エネルギー消費低減量（MW/GwhおよびGJ/TJ）	・年間発電量（MW/GwhおよびGJ/TJ）
	・再生可能エネルギー発電増加量（MW）
	・再生可能エネルギー発電回復量（MW）
・年間温室効果ガス削減量（CO_2トン）	
・その他指標（便益を受ける人数、プロジェクトの温室効果ガス年間排出量等）	

出所：World Bank et al., *Green Bonds Working Towards a Harmonized Framework form Impact Reporting*, November 2015より野村證券作成

また、ソーシャルボンドについてもハーモナイゼーションの取組みが行われており、ICMAは2018年６月、グリーンボンド同様に、核となる原則と提言を公表した[6]。ただし、当該レポートにおいて、ソーシャルボンドのメトリクスについては、定量的な指標の一例が示されたのみである（図表11－2参照）。さらに、ソーシャルボンドよりも広い概念であるサステナブルファイナンスをめぐっては、2018年12月末現在、対象となるプロジェクトを分類しようとするタクソノミー（分類枠組み）制定の議論が欧州委員会のテクニカル・エキスパート・グループ（TEG）により行われており、資金使途となるプロジェクトの分類とともに、そのインパクト測定のためのメトリクスについても検討が進められている段階である[7]。そう遠くない将来、より詳細なタクソノミーとともにレポーティングについても望ましい指標例が開示されるだろう。

　こうした取組みはレポーティングの質の向上、ひいてはESG債という債券の質の向上につながるものと期待される。実際にはすべてのESGプロジェクトを網羅することはむずかしく、各国の事情やステージによって、また時代とともに変化しうることを考えると、完璧なものを目指すことは非常に困難であろう。しかし、たとえそうだとしても、事例をより詳細化、具体化することで、インパクトレポーティングに関する発行体の取組みと投資家の活用の双方が活発化することが期待される。

5　International Capital Market Association, *Suggested Impact Reporting Metrics for Sustainable Water and Wastewater Management Projects,* June 2017; International Capital Market Association, *Suggested Impact Reporting Metrics for Waste Management and Resource-Efficiency Projects,* February 2018; International Capital Market Association, *Suggested Impact Reporting Metrics for Clean Transportation Projects,* June 2018.
6　International Capital Market Association, *Working Towards a Harmonized Framework for Impact Reporting for Social Bonds,* June 2018.
7　TEGは、2018年１月末に公表された。欧州委員会の「サステナブルファイナンスに関するハイレベル専門家グループ（HLEG）」による最終報告書に基づく行動計画を具体化させるために設立された委員会。

図表11－2　ソーシャルボンドにおける定量的な指標例

必要不可欠なサービスへのアクセス	
・手当を受けられる患者数	・ワクチンを接種できる子どもの数
・教育を受けられる生徒の数	・水道が使えるようになる住宅の数
・電気が使えるようになる住宅の数	・病院での出生数
・1年以内の幼児死亡率	・5歳未満での子どもの死亡率
・病院における病床の密集度	・妊婦死亡率
・平均余命	・人口密度
・医師の密度	・看護施設数
・PISA（生徒の学習到達度調査）テスト結果	・若年者失業率
・育児比率（保育士1人当りの児童数）	・公共交通機関へアクセスできる人の割合
・リサイクル比率	・有害廃棄物の処理割合
・バリアフリー化の割合	
社会経済的向上とエンパワーメント	
・女性が経営する中小企業へ提供されたローンの数	・女性が経営する零細企業へ提供されたローンの数
・手当を受けられる小自作農の数	・貧困層の比率
・最低賃金受給者数	・児童労働の割合
・経営陣における女性の比率	・リモートワークの人の割合
・所得と富の比率	・失業率
・若年者失業率	・1人当り収入
・1人当りGDP	
手頃な価格の住宅	
・国際的／地域的な標準と比較した家賃水準	・居住者の参加率
・居住者の割合	・居住施設数
中小企業向け資金供給およびマイクロファイナンスによる潜在的効果を通じた雇用創出	
・創出された職の数	・維持された職の数
・中小企業向けローンの数	・零細企業向けローンの数

出所：International Capital Market Association, *Working Towards a Harmonized Framework for Impact Reporting for Social Bonds,* June 2018より野村證券作成

また、詳細化、具体化されたタクソノミーおよびメトリクスがどのように市場に適用されていくのかも焦点の一つとなっている。それらがあまりに詳細化、具体化すれば、柔軟性が失われかねないため、レポーティングの枠組みも含め、規制によって厳密なものにすると枠組みが形骸化してしまう懸念もある。他方で、単なる推奨案であればESG債の意義が薄れるおそれもある。バランスのとれた規範を市場で根付かせ、発行体、投資家等の市場関係者によるプラクティスの洗練化、定着化を図っていくことが望ましい。

発行後のモニタリングにおける課題

　インパクトレポーティングの洗練化とともに、市場におけるモニタリング体制の構築、定着も課題として存在する。開示されたインパクトをどのように評価し、活用するのかといった議論にも関係するが、ESG債が発行された後のインパクト評価には、発行時の評価とは別の議論も発生しうる。少なくとも、実際に当初予定されたインパクトが見込めなくなった場合にどうするのか、どの程度の下振れであれば許容できるのかといったポリシーの策定は必要であろう。

　実際に、第10章で触れたメキシコ・シティ新国際空港建設に係るグリーンビルディングを資金使途としたグリーンボンドのように、グリーンボンドアセスメント評価が格下げされる事例も出てきている。インパクトが薄れたと判断された場合はESG債としての価値がなくなったと判断するのがよいのか。それとも、当初の取組み自体を評価するべきなのであろうか。また、リファイナンスに関する追加性の議論と同様であるが、債券の償還よりも前に当初予定されたインパクトが顕在化した場合（つまりその後の追加的なインパクトは見込めない場合）は手放すべきなのだろうか。

　中国政府の対応は、こうした問題に一つの方向性を示している。中国人民銀行と中国証券監督管理委員会（証監会）は、2017年12月にグリーンボンドの評価・認証ガイドライン「緑色債券評価認証行為指引（暫定版）」を発表

し、評価機関に償還まで定期的なモニタリングの義務を課した[8]。同時に、投資家に対して、期中に評価機関により不適切と判断され、グリーンボンドのラベルが剥奪された債券について、発行体に即時償還を義務づける条項を購入時の契約に規定することを推奨した。発行体にとっては、当初のコミットメントどおりにインパクトを創出しようとする強力なインセンティブとなっているようだ。

　国内市場では、発行時に第三者評価を取得する一方で、評価機関による期中レビューを実施しないケースも多い。ちなみに、環境省によるグリーンボンド発行促進体制整備支援事業（補助事業）の補助対象費用については、発行前のみならず、期中の外部レビューに要するコストも対象になっているものの、発行した年度を含めて3年分のみが対象となっている[9]。必ずしも外部レビューが必須とされているわけではない状況に鑑みると、当初予定どおりの社会的インパクトが創出されることを担保するためには、投資家によるモニタリング体制の構築が欠かせない。

インパクトレポーティングに関する今後の展望

　今後も、グリーンボンド、ソーシャルボンドのタクソノミーの策定やインパクトレポーティングにかかわるハーモナイゼーションの取組みが進み、レポーティング事例が増えていくことで、レポーティングに関する一定の基準がかたちづくられていくだろう。財務情報と同様、インパクトにかかわる情報の開示が不透明な発行体の債券は投資家に選ばれにくくなるような環境が構築されることが重要である。そうでなければ、インパクトは所詮参考情報にすぎないということになる。すなわち、ESG債に価値はなく、ESG債市場

8　中国人民銀行「「緑色債券評估認証行為指引（暫行）」中国人民銀行、証券会公告〔2017〕第20号」2017年12月。
9　環境省グリーンボンド発行促進プラットフォーム「グリーンボンド発行促進体制整備支援事業（補助事業）」。

が持続することはむずかしくなってしまう。

　インパクトレポーティングにかかわるハーモナイゼーションは、ICMA等が主導していることからわかるように、投資家の声を強く反映して取り組まれているが、インパクトレポーティングにおいて、最も重要なプレイヤーはいうまでもなく、インパクトを創出する主体である発行体である。発行体がESGに貢献するプロジェクトの価値を訴求して、賛同を得られる投資家に投資してもらうという本来の趣旨に鑑みると、発行体が投資家の賛同を得られるように自由に工夫して開示を行い、アピールするというのがあるべき姿である。

　一定のガイドラインが策定されることで、インパクトレポーティングの質が高まり、全体的な底上げがなされること自体は、今後の市場発展に向けて歓迎されるべきことである。しかし、インパクトレポーティングは、ESG債の価値そのものを訴求するプレゼンテーションの場である。新株を発行する際に投資家に成長ストーリーを幅広く訴求するように、ESG債についても、「これだけ素晴らしい社会的インパクトが期待できる」と、ESGにかかわる価値創出ストーリーを積極的に訴求することが望ましいのではないだろうか。国内においても非財務情報開示への取組みが本格化してきているが、そうしたなかでESG債による社会的インパクトについても積極的に開示を行っていくことで、ESG債投資家以外にも発行体としての取組みを理解してもらえる機会となるだろう。

　「国内において業界初のグリーンボンドを発行」というアピールの仕方がそろそろ一巡し、ESG債は市場拡大に向けた踊り場に差しかかってきている。「業界初」といった話題性やグリーンボンド発行そのもののアピール性が消失するなかで、1度発行した発行体の継続発行や後続発行体の出現が増えていかなければ、ESG債が一過性のブームで終わりかねない。いまこそ、社会的インパクトを全面的に訴求していくべき時機である。

〔野村證券　吉成　亮彦〕

第**12**章

グリーンボンドから
ソーシャルボンドへ

注目高まるソーシャルボンド

　ESG債市場としてはグリーンボンドの市場規模が速いペースで成長し、各国の発行体の取組みも盛んであるが、より幅広い社会課題に取り組む活動に資金を充当するソーシャルボンドも徐々に広がってきている。

　ソーシャルボンドに求められるのは、福祉、衛生、教育、生活基盤等の社会課題の解決に向けた投資の資金調達手法という役割であり、従来から国際機関等により開発途上国における人道支援、難民問題、健康問題等を資金使途として発行されてきた。国際資本市場協会（ICMA）が2016年6月にソーシャルボンドガイドライン、2017年6月にソーシャルボンド原則（SBP）を公表するまでは、事実上のソーシャルボンドを発行するのは、本来的にその事業が社会課題への対応とされるピュア・プレイヤーと呼ばれるような、世界銀行に代表される公的な性格をもった発行体がほとんどであった。ICMAにより、ガイドライン・原則が公表されてからは、明瞭性や透明性を求める投資家の要請に応えるために、外部評価者からガイドライン等に適合する旨のセカンドオピニオンを取得して発行する事例が増加している。

　ICMAによる、SBP2017からSBP2018への改訂を通じて、ソーシャルボンドの資金使途になる社会的プロジェクトの対象者は地域の状況により異なり、一般大衆も対象になりうるとの文言が加わった。これを契機に、先進国での社会経済的（socio-economic）なプロジェクトにおけるソーシャルボンドの発行も検討されるようになることが期待される。

　日本国内では、公的機関によるソーシャルボンドへの取組みが始まったばかりだが、広く社会に便益を提供することは企業活動と同じ方向性をもつ場合も多いと考えられるので、事業の種類によっては、民間企業であってもソーシャルボンドを発行し、持続的な社会の構築のためにインパクトを生じさせる活動に、ESG投資の資金を呼び込むことが可能と考えられる。

　そこで本章では、ソーシャルボンドの意義をあらためて整理し、実際の事例をいくつかみたうえで、今後の課題について検討する。

ソーシャルボンドの意義

1 SDGsとソーシャルボンド

　第7章で述べたように、本書では、発行体がESG債を発行し、投資家がそれに投資する根本的なモチベーションは、ESG課題に取り組むべきだという感覚を共有していることだと考えている。グリーンボンドに投資することで気候変動等による長期的な経済・社会基盤の毀損を緩和できるのと同じように、社会課題の解決に資金を投じることは、市場を支える社会基盤の健全性の維持につながると考えられる。投資家がユニバーサルオーナーとしての立場であれば、そのことはポートフォリオ全体の長期的な価値を守ることにもつながる。

　特に、持続可能な開発目標（SDGs）の公表によって投資家側においても社会課題への関心が高まっている。ICMAによれば、国際的な政策が整備されてきたなかで、国際資本市場には、投資とSDGsの達成とを結びつけようという機運が生じてきたという。外部評価者のセカンド・パーティ・オピニオン等でも資金使途とSDGsとの関連性に関しての記述が行われるようになってきた。ICMAは2018年6月、グリーンボンド、ソーシャルボンドの資金使途カテゴリーとSDGsとの関連性に関するマッピングを公表している[1]。このマッピングによってGBP、SBPで例示される資金使途がSDGsのいくつかの開発目標と関連づけされることが示された。ただしICMAは、SDGsに適合していたとしても、それによって自動的にGBP、SBPに適合するとは限らないとして注意も促している。

2 ソーシャルボンドとソーシャルインパクトボンド

　ソーシャルボンドと名称が類似した仕組みとして、第9章でも述べたソー

---

[1] International Capital Market Association, *Green and Social Bonds: A High-Level Mapping to the Sustainable Development Goals,* June 2018.

シャルインパクトボンドがある。こちらは、政府や地方公共団体が社会課題の解決に資する事業を民間に委託し、その実施資金を投資家から調達する官民連携手法（public-private partnership）の一種である。「ボンド」という名前がついているが、いわゆる債券ではなく、事前に合意した成果目標を達成すれば報酬が支払われる成果連動型（pay-for-performance）の支払契約である。

　ソーシャルボンドとソーシャルインパクトボンドは、いずれも社会課題の解決を目的とし、そこに民間資金を動員するという点では共通している。しかしソーシャルインパクトボンドは、現状では、政府や地方公共団体などの行政機関が予算の一部を使って委託するものなので、事業の種類や予算の規模に制約がある。そのため、公的資金の限界を超えて民間資金を大規模に導入するというものにはなりにくい。

　他方で、投資家からみれば、ソーシャルインパクトボンドは事業が明確にインパクトに結びついており、追加性があることが明らかである。また予定どおり報酬が支払われれば、一定の利回りを得ることができる。成果連動型の契約であるから、プロジェクトの成否が報酬の支払にかかわることになり、その分、投資家による事業の評価やモニタリングのインセンティブも働きやすい。そのような意味では、本書の研究編で検討してきたいくつかの論点に対するヒントがあるかもしれない。本章の主題からは外れるので、ここではこれ以上の検討は控えるが、今後の研究課題の一つである。

日本国内におけるソーシャルボンド

　日本においては、国際協力機構（JICA）が開発途上国における有償資金協力業務（円借款と海外投融資）を資金使途として、2016年9月からICMAのソーシャルボンド発行体向けのガイダンス[2]における4つの要素に適合したソーシャルボンド（JICA債）の発行を行っている。JICA債においては日本

2　その後、2017年からはソーシャルボンド原則に準拠。

総合研究所が調達資金の使途、プロジェクトの評価と運営の調達プロセス、調達資金の管理、レポーティングの4要素について「社会課題への対応を目的とした『ソーシャルボンド』の特性に従うもの」とのセカンドオピニオンを発行している。有償資金協力業務は日本政府の開発協力大綱に基づき実施されており、国際連合・世界銀行の所得階層分類に基づき、後発開発途上国（LDC）卒業移行国への支援を行っている。対象となる貧困国については、1人当り国民総所得（GNI）が1,025米ドル以下とされている[3]。

日本学生支援機構（JASSO）は、2018年のSBPの改訂を受けて、大学奨学金を資金使途としたソーシャルボンドの発行を2018年9月から開始した[4]。同機構のソーシャルボンドの資金使途は、「第二種奨学金の在学中資金」であり、「第二種奨学金の貸与事業は、国連の持続可能な開発目標（SDGs）の内、目標4.『すべての人に包摂的かつ公平で質の高い教育を提供し、生涯学習の機会を促進する。』の達成に貢献」する旨がフレームワークに記されている。資金使途である第二種奨学金は、国内の大学院・大学・短期大学・高等専門学校・専修学校（専門課程）の学生・生徒を対象とし、年（365日当り）3％を上限とする利息付き（在学中は無利息）で、第一種奨学金より緩やかな基準によって選考された人に貸与が行われることになっている[5]。第二種奨学金の財源は主に財政融資資金借入金であり、この財源の一つとしてソーシャルボンドの発行が行われることになっている。2016年度事業説明によれば、第一種奨学金の貸与人数は49万9,827人、第二種奨学金の貸与人数は81万133人であり、多くの学生に修学支援を与える事業が資金使途となっている。

本ソーシャルボンドには、ヴィジオ・アイリスがセカンドオピニオンを提供しており、「本債券がソーシャルボンド原則に適合したもの」であり、「持

---

[3] 日本の1人当りGNIは、45,470米ドル（2017年）。
[4] 日本学生支援機構のソーシャルボンドについては、第4章も参照されたい。
[5] なお、第一種奨学金については、特に優れた学生および生徒で経済的理由により著しく修学困難な人に貸与される無利息の奨学金であり、主に一般会計借入金によってまかなわれている。

続可能な発展への貢献度合いについての保証の水準を合理的」とするとしている。多くの投資家が投資表明を行い、四半期ごとのペースで起債が行われる予定となっている[6]。

先進国においても、開発途上国とは異なる社会的課題は存在しており、先進国におけるソーシャルボンドの活用が期待されている。そのようななか、日本学生支援機構によるソーシャルボンドの発行は、先進国の社会課題を対象にする事例として注目に値する。

民間企業によるソーシャルボンド

ソーシャルボンドは、社会的課題解決に向けた社会的プロジェクトのための資金調達であるから、公的機関が発行するのはわかりやすい。しかし民間企業であってもソーシャルボンドを発行する事例がある。その一つを紹介する。

フランスの食品大手ダノンは2018年3月、3億ユーロのソーシャルボンドを同社として初めて発行した。その資金使途は同社のステークホルダーにポジティブなソーシャル・インパクトをもたらすプロジェクトとなっている（図表12－1参照）。

ダノンのソーシャルボンドには、ヴィジオ・アイリスがセカンドオピニオンを提供している。同社のセカンドオピニオンにおいては、発行体自体のESG評価は「Advanced（先進的）」（最上位）、本社債の持続可能な発展への貢献度合いについての保証の水準は「Reasonable（合理的）」（最上位）との評価が記された。

ダノンのソーシャルボンドにおいては同社に原料を供給する取引先と同社をつなぐサプライチェーンの維持が目的となっており、健康な食品を提供する社会的意義がソーシャルボンドの背景として浮かび上がってくる。

6　2018年については、9月および12月に2年債で各300億円の発行を実施している。

図表12－1　ダノンのソーシャルボンドの資金使途

対象アセットと資金配分の目安	対象となる人々	社会的な恩恵	インパクト測定方法
先進的栄養学部門の研究開発費（調達額の40％）	特殊な栄養補給が必要とされている乳幼児、妊産婦、患者、高齢者	特殊な栄養補給が必要な人々が特別な栄養補助食品を得られること	・恩恵を得る人々の人数 ・出版点数 ・用例数 ・医療実験数
インパクト投資ファンド（ソーシャルビジネス融資とあわせて調達額の25％）	農業従事者、社会的に排除されている人々、貧困ライン以下で生活する人々	主に発展途上国における地域経済の社会経済的発展、小規模農業従事者の社会経済的発展および性差別解消の進展	・創出された仕事の数 ・職業訓練が行われた人数 ・職業訓練が行われた女性数 ・間接的な恩恵を受けた人数 ・恩恵を受けた農場の数 ・効率的なレンジを備えた世帯数 ・2011年から恩恵を得た人々の人数
ソーシャルビジネスへの融資	1日当りの収入が1.25〜5.00米ドルの人々	低所得者の十分な食料獲得、飲料水とすることができる可能な水の獲得	・恩恵を得た人々の人数 ・飲料水を得ることができた人数 ・栄養失調、貧困から抜け出た人数
牛乳生産者の生産コスト補助・非遺伝子組換え農作物保護のための投資（調達額の20％）	牛乳生産者、農業従事者	牛乳生産者の社会経済的発展、責任農業原則の発展および健康的環境の促進	・恩恵を得た人々の人数 ・責任農業に参加した農業従事者数
中小企業金融（調達額の10％）	ヘルスケア、栄養学分野における中小企業すべて	ヘルスケア、栄養学分野における中小企業の社会経済的発展	・フルタイムでの労働者数 ・現在の売上高
高品質な医療補助と育児サポートの提供（調達額の5％）	ダノンの従業員	ダノン従業員のための均質な医療補助の実現、従業員の男女平等の進展	・ダノンケアを受けている従業員割合 ・ダノンケアでカバーされている国の数 ・育児サポートを受けている従業員割合 ・育児サポートでカバーされている国の数

出所：Danone, *Danone Social Bond Framework*, 9 March 2018より野村證券作成

　グリーンボンドの場合、公的な発行体のみではなく、民間企業も発行しているのは、環境に配慮した企業としての対外的アピールという側面もある

第12章　グリーンボンドからソーシャルボンドへ　203

が、自社の事業を支える自然資本を維持し、サステナブルな経営環境を守るという面もあるだろう。ソーシャルボンドにおいても同様に、民間企業が自らの事業基盤を支えることを目的として発行を検討することがありうるのではないか。ステークホルダーの課題に対処することで、発行体の持続的成長に寄与するのであれば民間発行体がソーシャルボンドを発行する意義がある。

ソーシャルボンドの課題

　ソーシャルボンドもESG債の一種であるから、その基本的な課題はグリーンボンドと共通している。たとえばグリーンボンドと同様、追加性とプライシングの関係が問題になるだろうし、インパクトの定量化や適切な評価も課題である。そもそも多くの発行体が多様な社会課題を掘り起こして多くの債券を発行しなければ、市場が広がらない。

　なかでも社会課題は環境課題以上に幅が広く、また、国によって取り組むべき課題が異なる。日本であれば、急速な少子高齢化、貧困・格差の拡大によって引き起こされる数々の問題があり、深刻化している[7]。こういった問題に対しては、これまでも政府や地方公共団体が取り組んできたはずだが、簡単な解決策はなく、今後、社会基盤の毀損が民間企業の事業活動に影響を及ぼす可能性もある。その意味では、民間の発行体においても、社会的課題への対処を目的としたソーシャルボンドが発行できるようなソーシャルプロジェクトを組成するための創意工夫が必要ではないか。

　一方で、グリーンボンドにおける「グリーンウォッシュ」のように、ソーシャルボンドを名乗りながら、実際には課題解決に資金が向かわない、ソー

7　日本固有のESG課題については、第13章も参照されたい。
8　グリーンウォッシュ債券とは、実際は環境改善効果がない、または、調達資金が適正に環境事業に充当されていないにもかかわらず、グリーンボンドと称する債券。（環境省「グリーンボンドガイドライン　2017年版」2017年3月、1〜2頁）

シャルウォッシュ的な存在があってはならない[8]。ソーシャルボンドの市場を拡大するには、ソーシャルボンドに対する透明性と信頼性の向上が不可欠である。社会課題は範囲が広く、対策となるプロジェクトも多種多様なため、効果の定量化はグリーンボンド以上に困難と思われる。だがなんらかのかたちで効果が把握できなければ、ソーシャルボンドの信頼性は得にくいのではないか。その意味で、市場の納得を得られるような効果の把握や定量化をいかに実現するかは、ソーシャルボンド市場拡大に向けた重要な課題である。

さらに、社会的なプロジェクトは、意図した効果とは別に、ほかのネガティブなインパクトを引き起こす可能性がある。たとえば、開発途上国での開発プロジェクトは社会インフラの充実や住民の生活の質の向上に資する一方で、自然環境への影響があるかもしれない。したがってソーシャルボンドの発行にあたっては、プロジェクトの包括的な影響を確認する必要がある。

ソーシャルボンドの可能性

ソーシャルボンドは、健全な経済成長を行う基盤となる持続可能な社会を構築するうえで必要な資金を必要なセクターに再配分する機能を有している。そのような機能は、従来は、国民や企業から徴税し、再配分を行う政府・地方公共団体が担ってきた。ソーシャルボンドはその経路を複線化し、社会課題の解決に資する事業へと資金を導く新たなルートを生み出すことを意味する。SDGsの提唱による社会課題への取組みは、課題解決のための資金ニーズを生み出し、ソーシャルボンドが資金調達のツールとして広まることが期待される。

ソーシャルボンドの発行は、社会的課題を解決する投資案件の創出と表裏の関係にある。そのため、社会的課題を直視し、だれがその課題にコミットして資金調達主体（発行体）になるのかを、市場が適切に見極める必要がある。ソーシャルボンドに投資する投資家は、債券投資の形態で社会的課題に

取り組む投資を行うことになるが、投資家の資金が社会課題へと再配分されているということを意識するべきである。よりよい再配分を行うためのツールとしてのソーシャルボンドの位置づけは、市場参加者の適切な行動を通して高まっていく可能性があるといえるだろう。

〔野村證券　相原　和之、高崎経済大学　水口　剛〕

● コラム ●

国際金融公社（IFC）のソーシャルボンド

　世界銀行グループの国際金融公社（IFC）は、途上国の民間セクター支援に特化した世界最大規模の国際開発金融機関である。IFCは、社会的課題への対処の一環として、2013年に新興市場の女性起業家支援のための債券プログラム、2014年には低所得層をバリューチェーンに組み込むインクルーシブ・ビジネスを支援する債券プログラムを立ち上げた。その後、社会的貢献に関連する債券市場の進展をふまえ、2017年に先にあげた2つのプログラムを「ソーシャルボンド・プログラム」へ統合している。IFCでは、同年3月に5億ドルのグローバル・ベンチマーク債を起債して以降、2018年12月までに23本、10億ドルを超えるソーシャルボンドを発行してきた。このうち20本は日本の機関投資家向け私募債や個人投資家向けの売出債であり、日本市場の存在感は大きい。

　IFCのソーシャルボンドで調達された資金は、新興市場の女性が経営する企業や、生活に必要なモノやサービスを手に入れられない経済ピラミッドの下層部の人々（1日当りの所得が8ドル未満の人々）と事業を行う民間企業を支援する、70以上のプロジェクトへの投融資に充てられている。たとえば、スイスの大手食品会社とともに、エチオピアやケニアの小規模コーヒー農家に対し、コーヒー豆の品質や生産量を向上させる技術・金銭面の支援を行いつつ、森林を管理し再生させる取組みがある。農家の所得を増やすだけでなく、土地利用による森林破壊を食い止めることで、温室効果ガス排出量を削減し、気候変動に伴う災害にも強い、持続可能な社会と環境を目指す。

　また、イラクの民間通信会社が実施するモバイル通信サービスの近代化事業を支援する取組みもある。長年の紛争で荒廃したインフラの復興は喫緊の課題

だが、イラク向けの長期信用は限定的であり、初期投資の大きいインフラ事業はなかなか進まない。そこでIFCは7年の民間協調融資を取りまとめ、モバイル通信サービスの品質を向上させ、激戦の痕が色濃く残る北イラクなどにもサービスエリアを拡大することで、イラクの復興を後押しする。

　IFCでは、ソーシャルプロジェクトに限らずすべての案件において、承諾前に開発効果をプロジェクトレベルと市場レベルで数値化し、よりインパクトの高い案件を選定のうえ、継続的に開発効果をモニタリングしている。また、毎年度ソーシャルボンド・インパクト・レポートを作成し、情報を開示している。途上国の貧困を撲滅し持続可能な社会を実現するためには、民間セクターが成長できる市場と機会が必要だ。IFCは今後も、途上国に社会便益と経済リターンをもたらすソーシャルプロジェクトを支援し、ソーシャルボンド・プログラムを通じて投資家の社会的課題への関心と期待に応えていきたい。

〔国際金融公社　安井　真紀〕

コラム

市場の歩みとともに
―ESG債市場の黎明―

　世界銀行は2006年に「ワクチン債」、2008年には排出権連動債を日本市場向けに発行し、2008年の史上初の「グリーンボンド」の発行においては、それまでに蓄積されたESG債発行に関するさまざまなノウハウが活かされた。リーマン・ショック前のグリーンボンドの発行体は、世界銀行や国際金融公社（IFC）等の政府、国際機関および政府系機関（SSA）が中心であったが、世界銀行のグリーンボンドの大半が日本の地方銀行、学校法人、そして個人投資家に販売されていたことはあまり知られていない。これは当時のグリーンボンドの世界シェアのほぼ100％を日本の投資家が占めていたことを意味する。日本市場はグリーンボンドの立上げに多大な貢献があったのである。

　2013年12月、リーマン・ショックへの反省の機運が高まるなか、世界銀行はワシントンDCにて市場参加者を集めた初のグリーンボンドの公的会合を主催した。世界銀行が蓄積してきたグリーンボンド発行のノウハウを参加者に共有し、後のグリーンボンド原則（GBP）の原型となる業界自主ルールの策定を主導した。その後、グリーンボンド原則の事務局機能は、国際資本市場協会

（ICMA）に引き継がれ、ソーシャルボンド原則（SBP）の立上げにつながっていった。

　グリーンボンド原則の誕生により、SSAが中心だった発行体が民間にも急速に拡大した。象徴的な起債は、翌2014年3月に米国のトヨタモータークレジットコーポレーション（TMCC）が発行したグリーンボンドであった。ハイブリット車販売のための自動車ローンを担保とした史上初の資産担保証券（ABS）であったことに加え、発行総額が17億5,000万ドル（約1,800億円）と大型であったことからおおいに注目を集め、これを契機にグリーンボンド市場は急速に拡大していくことになった。

　グリーンボンドの急速な拡大の背景として、国際連合主導の排出権市場の機能低下もあげられる。結論として、公的枠組み中心では大規模な資金動員ができなかったことが大きな問題であった。これに対し、グリーンボンドは温暖化対策のための資金の「融資」であったため、融資実行後のモニタリングもより厳密になり、大規模な資金の動員が可能となった。主役は排出権取引からグリーンボンドに移っていくことになった。

　温暖化問題のような社会的問題の解決には、公的資金が中心となるべきとの考えに異論は少ないかもしれない。しかしながら、公的枠組みであった全世界的排出権市場取引の機能が大きく低下してしまったことは、温暖化問題の解決には、潤沢な民間資本市場の資金導入が不可欠との結論が市場によって下されたことを意味する。

　市場ではグリーンボンドに続き、さまざまな社会貢献を資金使途とするESG債市場も拡大している。発行体が債券で調達する資金の使途を明確にし、大規模の資金を機動的に動員するというモデルは今後も大規模社会貢献プロジェクトの核となっていくとみられる。カタリストたるグリーンボンドの貢献は大変重要であったといえよう。

〔世界銀行　有馬　良行〕

第**13**章

日本におけるESG課題

日本のESG課題を検討する意義

　日本のESG債市場は、欧米や中国等に比べて、まだ規模が小さい。それでは、そもそも日本には潜在的なESGの課題が少ないのだろうか。ESG債が少ない直接的な理由は、ESG債の対象となるプロジェクトが少ないとも推察される。しかし、日本にも海外とは異なる固有のESG課題があるのではないか。すなわち、ESG課題は世界共通のことばかりでなく、地域性があるのではないか、とも考えられる。

　もちろん、ESG課題があっても、それを解決するグリーンプロジェクトやソーシャルプロジェクトができるとは限らず、プロジェクトがあったとしても、そのための資金調達手段がESG債であるとは限らない。したがってESG課題の存在とESG債の拡大とは必ずしも直結しない可能性もある。しかしながら、日本にどのようなESG課題があるかを整理し、その多様な課題へと視野を広げることが、日本のESG債市場を拡大するヒントになるのではないかと考えられる。　そこで、本章では、日本における代表的なESG課題を概観

図表13－1　年齢3区分別人口および人口割合の推移と予測

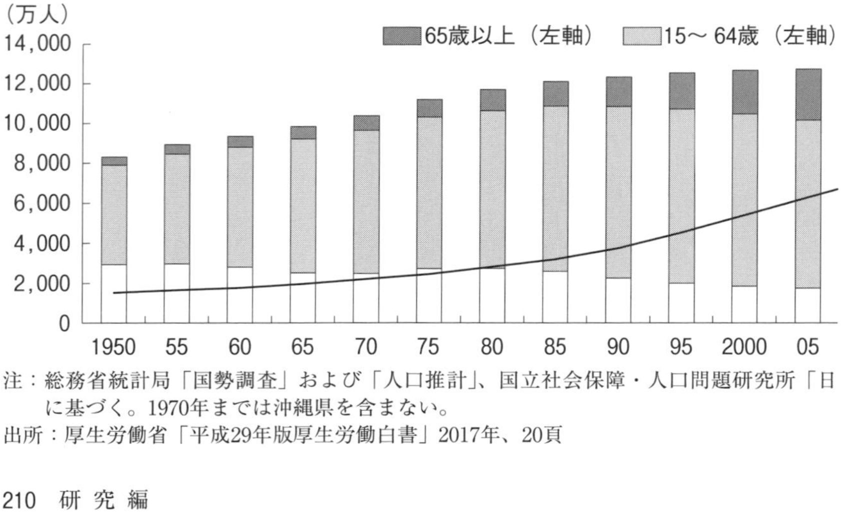

注：総務省統計局「国勢調査」および「人口推計」、国立社会保障・人口問題研究所「日に基づく。1970年までは沖縄県を含まない。
出所：厚生労働省「平成29年版厚生労働白書」2017年、20頁

する。

人口減少・少子高齢化

　日本では2008年に人口減少が始まり、少子高齢化が諸外国に比して速いスピードで進んでいる（図表13－1参照）。高齢化率（65歳以上の人口が全体に占める割合）と平均年齢がともに継続的に上昇することが見込まれている。2025年には団塊の世代（1947～1949年生まれ）全員が後期高齢者（75歳以上）になり、2065年には総人口が9,000万人を割り込み、高齢化率が38％台の水準になることが想定されている。そのようななか、労働力の減少により、経済成長率が低下し、現在の生活水準を維持できなくなる可能性もある。

　財政面では、少子高齢化により、社会保障関係費が増大している。図表13－2上図にもあるとおり、2018年度には、1990年度と比較して税収がほぼ同水準であるにもかかわらず、社会保障関係費が増大したことで、歳入・歳出のバランスが崩れ、国債への依存度が高まった。そのため、文教・科学技

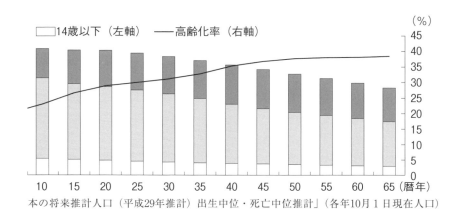

本の将来推計人口（平成29年推計）出生中位・死亡中位推計」（各年10月1日現在人口）

図表13−2　日本の国・地方の財政状況

[1990年度と2018年度の財政構造]

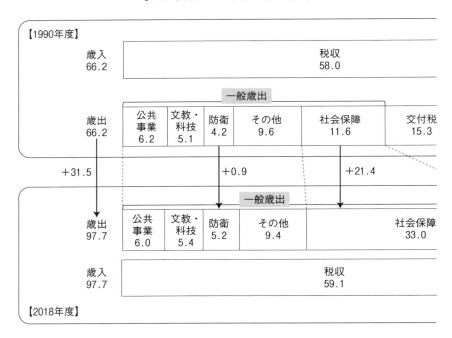

[国と地方の長期債務残高の推移]

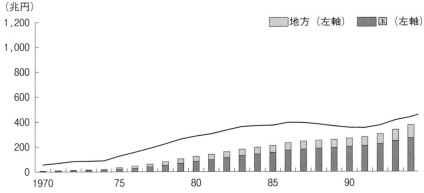

出所：財務省「日本の財政関係資料」2018年10月、12頁、財務省「我が国の1970年度以降

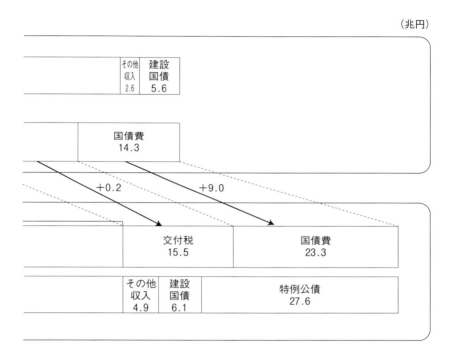

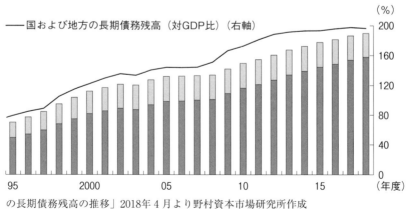

の長期債務残高の推移」2018年4月より野村資本市場研究所作成

術をはじめとした未来を担う分野の財源や、全国的に更新時期を迎えている社会インフラ・公共施設等の更新・維持管理用の財源を捻出することがむずかしくなっている[1]。このような状況下、国・地方ともに財政の硬直化が進み、債務残高が大幅に拡大している（図表13-2下参照）。加えて、貯蓄を取り崩して生活する高齢者の増加等の要因から、家計貯蓄率が低下した場合、日本政府が海外からの資金調達を増やさなければならなくなる可能性もある。

このように少子高齢化が進んだ場合、生産年齢人口の縮小やイノベーションの減少によって社会の活力が低下し、さらに社会保障をはじめとした行政サービスの持続可能性も低下するなど、国民生活に甚大な影響を与える可能性が否めない。

地方経済の停滞と東京一極集中

人口減少は日本全体で進んでいるが、その影響は地方でより大きい。地域別人口動態をみると、地方圏からの人口流出と東京への人口一極集中が続いている（図表13-3参照）。そのため、地方圏は経済停滞が続きやすい状況となっており、このまま人口流出が続けば、将来的に消滅するおそれがある市区町村が多数出現する可能性があることが指摘されている[2]。

1　日本の国および地方公共団体が抱える社会インフラや公共施設の規模（粗資本ストック、2014年度時点）は953兆円にのぼっている。国土交通省は、社会インフラ等に関して、今後の投資総額の伸びが2010年度以降対前年度と同額で維持管理・更新に従来どおりの費用の支出を継続すると仮定すると、(1)2037年度には維持管理・更新費が投資総額を上回る見通し、(2)2011年度から2060年度までの50年間に必要な更新費（約190兆円）のうち、約30兆円（全体必要額の約16％）の更新ができない見込み、といった試算結果を公表している。（内閣府政策統括官〔経済社会システム担当〕「日本の社会資本2017」2018年3月〔改訂〕、16頁、国土交通省『平成23年版国土交通白書』2012年）
2　日本創成会議の提言においては、地方からの人口流出がこのまま続いた場合、若年女性（20～39歳）が2040年までに50％以上減少する市町村が896（全体の49.8％）にのぼると推計され、これらの市町村は出生率が上昇しても将来的に消滅するおそれが高いと指摘されている。（日本創成会議・人口減少問題検討分科会「成長を続ける21世紀のために『ストップ少子化・地方元気戦略』」2014年5月8日）

図表13-3　三大都市圏および地方圏における人口移動（転入超過数）の推移

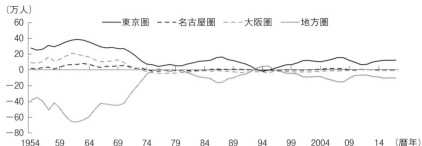

注：東京圏：埼玉県、千葉県、東京都、神奈川県。名古屋圏：岐阜県、愛知県、三重県。
　　大阪圏：京都府、大阪府、兵庫県、奈良県。地方圏：それ以外の地域。
出所：総務省「住民基本台帳人口移動報告」（日本人人口）より野村資本市場研究所作成

　政府は、各地域がそれぞれの特長を活かした自律的で持続的な社会を創生すべく、2015年度から地方創生を推進している。しかし、まち・ひと・しごと創生本部が2017年12月に公表した重要業績評価指標（KPI）検証に関する報告書によると、人口の流れに大きな変化はいまだみられていないこと等が明らかになった[3]。

　すでに、一部の地方圏ではシャッター街といわれるような経済の疲弊が進んでおり、現在の傾向が継続すれば、地方経済がさらに厳しくなることは避けられない。人口減少と税収の不足によって行政サービスで規模の利益を享受できなくなり、行政の質や効率性が低下することもありうる。一方、一極集中の東京では、人口過密により交通渋滞、住宅環境の悪化、公共施設・社会インフラの不足等の問題が生じる可能性がある。さらには、人口が集中する東京でも高齢化は避けられない以上、医療・介護給付面での課題が深刻化する可能性が指摘されている。その意味でも、各地域に魅力ある事業を育てて、地方経済の停滞と東京への一極集中を緩和することは喫緊の課題である。

3　まち・ひと・しごと創生総合戦略のKPI検証チーム「まち・ひと・しごと創生総合戦略のKPI検証に関する報告書」2017年12月13日。

第13章　日本におけるESG課題　　215

経済格差と貧困問題

　経済格差と貧困は途上国だけの問題ではなく、先進国でも悪化している。特に日本の場合、先進国のなかでも貧困率が高いことが指摘されている。貧困には、絶対的貧困と相対的貧困の2種類があるが、日本の場合、所得の中央値の半分を下回っている人の割合、つまり所得格差を表す相対的貧困率が高い状況となっている[4]。厚生労働省の調査によると、日本の相対的貧困率は2015年時点で15.7％にのぼっている（図表13－4参照）。そのうち、ひとり親世帯の相対的貧困率は50.8％と高い水準になっている。

　特に、子どもの貧困をめぐっては、低所得の家庭の子どもが低学力・低学歴となり、将来不安定な就業に陥ることで、次の世代まで貧困状態が連鎖し

図表13－4　貧困率の推移

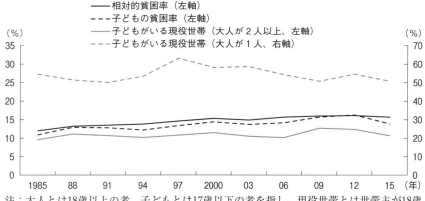

注：大人とは18歳以上の者、子どもとは17歳以下の者を指し、現役世帯とは世帯主が18歳以上65歳未満の世帯を指す。
出所：厚生労働省「平成28年　国民生活基礎調査の概況」2017年6月27日、15頁

---

[4] 絶対的貧困率は、必要最低限の生活水準を維持するための食料・生活必需品を購入できる所得・消費水準に達していない絶対的貧困者がその国や地域の全人口に占める割合。相対的貧困率は、相対的貧困者（経済協力開発機構〔OECD〕の定義に基づくと、等価可処分所得が全人口の中央値の半分未満の世帯員）が全人口に占める割合。

ていくといった貧困の世代間連鎖が問題となっている。しかも日本の場合、厳しい財政状況を抱えるなか、就学前教育費や高等教育費等の公的負担割合が経済協力開発機構（OECD）加盟国のなかでも低く、家計負担が重い状況となっている。

さらに、日本財団子どもの貧困対策チームの調査によれば、子どもの貧困を放置した場合、15歳の子ども1学年だけで将来の所得減少が総額2.9兆円、財政収入の減少が1.1兆円に達するといわれ、適切な対応を講じない限り、将来的に日本経済・財政への影響が顕在化する可能性も否めない状況である[5]。

脱炭素化とエネルギー問題

脱炭素経済の構築は世界共通の課題だが、国によってエネルギー事情が異なるため、各国に固有の課題がある。たとえば、日本の一次エネルギーの構成をみると、東日本大震災に伴う原子力発電所停止により火力発電所の稼働が増えたこともあり、2016年度時点で化石燃料への依存度が89％となっている。温室効果ガスの排出量も、これに伴い増加し、2013年度には過去最高となる約14億トンに達した。その後は、排出量の抑制に向けて、化石燃料のなかでも比較的クリーンな天然ガス（LNG）の活用、火力発電の高効率化、再生可能エネルギーの導入を進めており、足元で緩やかな減少傾向にある（図表13－5参照）。

再生可能エネルギーをめぐっては、発電した電気を一定価格で買い取ることを電力会社に義務づけた「固定価格買取制度（FIT）」が2012年7月に創

---

[5] 試算は、日本財団子どもの貧困対策チームによる。財政収入は、税・社会保険料負担額から社会保障給付額を差し引いた数値。（日本財団「子供の貧困の社会的損失推計レポート」2015年12月）なお、子ども全体では所得減少額42.9兆円、財政収入の減少が15.9兆円に達するとの試算もある。（日本財団子どもの貧困対策チーム『徹底調査　子供の貧困が日本を滅ぼす　社会的損失40兆円の衝撃』文芸新書、2016年）

図表13－5　世界および日本の温室効果ガス排出量

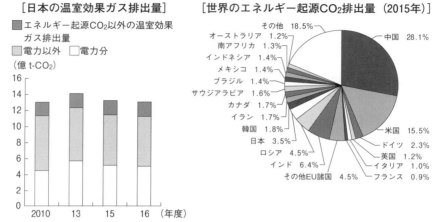

出所：資源エネルギー庁「2018―日本が抱えているエネルギー問題」2018年7月10日、環境省「世界のエネルギー起源CO₂排出量（2015年）」

設されたこともあり、設備容量が急速に伸びた[6]。しかし、FITの認定を受けたものの、発電を始めないケースが散見されることもあり、日本の発電電力量に占める再生可能エネルギーの割合は2016年時点で6.9％（水力を含めても14.5％）と主要先進国のなかで低い水準にある[7]（図表13－6参照）。

　エネルギー自給率でみても、2014年度には過去最低の6.4％まで低下した。その後、2016年度は再生可能エネルギーの導入や原子力発電所の再稼働が進み、同比率は8.3％とわずかに上昇している。しかしながら、日本のエネルギー自給率は、OECD加盟国のなかでもかなり低い水準となっており、エネルギー調達が国際情勢の影響を受けやすい構図となっている[8]。

---

[6] 住宅用太陽光発電設備の余剰電力買取制度は、2009年11月に始まっており、2012年7月以降FIT制度に移行されている。

[7] 2017年4月から施行された「再生可能エネルギー特別措置法の一部を改正する法律（改正FIT法）」では、FIT認定を受けて一定期間が過ぎても発電を始めない事業者は買取期間が短縮されるなど、事業者に責任をもって発電を行うよう促すルールが設けられた。

[8] エネルギー自給率は、2016年実績でOECD35カ国中34位。（経済産業省資源エネルギー庁「平成29年度エネルギーに関する年次報告」2018年6月8日、104頁）

図表13-6　発電電力量に占める再生可能エネルギー比率の比較

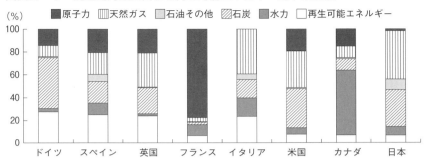

注：再生可能エネルギーは水力を除く。日本の数値は総合エネルギー統計の2016年度確報値。それ以外は、国際エネルギー機関（IEA）のIEA Energy Balance of OECD Countries（2017 edition）による2015年値データ。
出所：資源エネルギー庁「2018―日本が抱えているエネルギー問題」2018年7月10日

　このような状況下、政府は2018年7月、「第5次エネルギー基本計画」を閣議決定した。基本計画は、2030年、さらには2050年を見据えた日本のエネルギー政策の指針となっており、(1)技術・ガバナンス改革による安全の革新、(2)資源自給率、技術自給率およびエネルギー選択の多様性の確保、(3)脱炭素化への挑戦、(4)コスト抑制および産業競争力の強化を目標としている。加えて、2030年に向けて脱炭素化への移行期として、既存技術による最大限の対応を念頭に、エネルギーミックスの確実な実現へ向けた取組みを強化するとした。また、原子力への依存度を可能な限り低減するとし、再生可能エネルギーを初めて主力電源と位置づけた。

　一方、2030年に実現を目指す電源構成比率については、再生可能エネルギー（22～24％）、原子力発電（20～22％）、石油・石炭・天然ガス等の化石燃料（56％）と示された。この電源構成は、パリ協定第4条に基づく「国が決定する貢献（NDC）」を反映した内容となっており、日本の中期目標（2030年度の温室効果ガスの排出を2013年度の水準から26％削減）と整合するとしている。

　今後、本当に再生可能エネルギーを主力電源にしていくためには、電圧や周波数を安定させるための技術や設備への投資、大規模・高効率の蓄電池の

開発などの課題がある。日本では国内送電網の容量不足や国際送電網がないことがネックになっているとの指摘もあり、送電網の充実も課題となる。さらに、地熱やバイオマスなど地域の自然資源を活用して、いかに地域の活性化につなげるか等、地方創生と結びつけて考えることも日本固有のESG課題と考えられる。

自然災害

　日本は諸外国に比して台風、大雪、洪水、土砂災害、地震、津波、火山噴火等の自然災害が発生しやすい国土である。たとえば、国連大学が世界171カ国を対象にまとめた世界リスク報告書2016年版では、日本について自然災害の影響を受けるリスクが世界第4位とされている[9]。また、内閣府によれば、世界の災害被害額（1984〜2013年）のうち、日本が占める割合は約17.5％に当たる4,209億ドルにのぼっており、災害死者数（同）についても約1.5％に当たる約2.9万人となっている（図表13－7参照）。

　甚大な自然災害が発生した場合には、基本的には国・地方の補正予算によって対応しており、自然災害は近年の財政悪化の一因にもなっている。加えて、阪神・淡路大震災や東日本大震災等の事例でもみられたように、地域経済や社会環境が回復し、罹災者が災害発生前のように真に自立した生活を確保するまでには、かなりの長期間を要することもある。

　政府は、近年激甚な災害が頻発している状況をふまえて、2018年12月14日に「防災・減災、国土強靱化のための3か年緊急対策」を閣議決定した。2018〜2020年度の3年間の事業規模は、おおむね7兆円程度と見込まれている。気候変動の影響等により自然災害は今後さらに増える可能性もあるなか、事後的な災害への対応だけでなく、事前の防災・減災対策を充実させることが、今後の重要な課題である。

---

[9] United Nations University, *World Risk Report 2016*, 24 August 2016.

図表13-7　世界の災害と比較する日本の災害被害

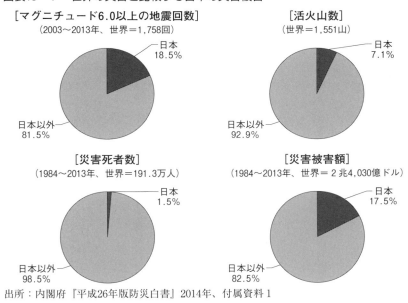

出所：内閣府『平成26年版防災白書』2014年、付属資料1

〔野村資本市場研究所　江夏　あかね〕

コラム

投資家の多様性と社会的インパクト

「御社はESG関連の投資に積極的ですよね？」
「弊社がグリーンボンドを発行するなら、ご興味はありますか？」
　機関投資家といわれる組織で社債投資を担当するなかで、最近は市場関係者や債券発行体の担当者からこう聞かれることが多い。おそらく今日日（きょうび）の投資担当者であればだれもが「はい、もちろんです」と答えるだろう。それほどまでに、投資活動を通じた社会課題解決への貢献は機関投資家に浸透してきてい

る。

　一方で、たとえばそのESG債の資金使途や社会への貢献度について、個別に詳細を確認して評価している投資家がどれほどいるだろうか。近年ESG投資機運が高まり、活況を呈し始めているESG債だが、その投資を担う各社の債券投資部署では、ここ数年の低金利・低ボラティリティ環境のなかで人員が絞り込まれており、限られた陣容で行う付加的業務と位置づけているであろう。黎明期に当たる現在においては、投資実績の積上げが重視される傾向もあり、「〜ボンド」の名で発行がアナウンスされる案件を「ESG関連」と大まかに括ってみているケースがほとんどではないかと推察する。

　また、現在のESG債の商品性もESG債投資の高度化を遅らせている面があるかもしれない。ESG債の多くは資金使途をESG色の強いものに限定した普通社債であり、償還原資は当該発行体の他の社債となんら変わらない。あくまで当該発行体の信用力に依拠しており、資金調達手段がESG債であるか否かは当該プロジェクトの実施可否にまったく影響しない。そうであれば、投資家が資金使途や社会への貢献度を個別に精査する必要性が薄くて当然であろう。現在のESG債投資は、プロジェクトそのものに着目するというよりも、ESG債発行を通じてESGへの積極的な取組みが確認できる企業に着目し、当該企業へ優先して資金を回す仕組みであるといえるのかもしれない。

　第一生命保険では現在、ESG投資の重点テーマとして「インパクト投資」「地方創生・地域活性化」「気候変動」を掲げ、社外にも公表している。「インパクト投資」は社会的インパクト（社会構造の変化など顕著な付加価値を創出する）を重視する考え方で、未上場株式やプロジェクトファイナンス等を通じ、より劇的な社会貢献を期待するものである。「地方創生・地域活性化」には、全国に契約者を抱える保険会社という立場から、お客様のQOL（Quality of Life：生活の質）向上にも資することを企図し注力している。

　今後は、投資家各社がその企業理念等に照らした重点分野をしっかりと検討して明示し、投資行動に反映させていく流れがより進むことを期待したい。本章で述べられているわが国固有の社会課題がESG債のテーマになりづらい現状も、投資家の投資方針が多様化し、より精緻化することで改善が促されるであろうし、中長期的にはESG債の商品性向上にもつながるものと信じている。

〔第一生命保険　平林　大〕

コラム

ESG債市場発展の鍵となる外部要因
―金利水準の正常化―

　日本においては、1990年代初頭のバブル経済崩壊以降、国債金利の水準が低下し始め、21世紀に入って10年国債金利は一貫して2％を下回る水準で推移していた。近年は、日本銀行により、2013年4月に量的・質的金融緩和、2016年2月にマイナス金利付き量的・質的金融緩和、2016年9月に長短金利操作付き量的・質的金融緩和が導入された。これを受けて、金融市場において、長期金利の上限として0％程度の水準が意識されるなか、長期金利のマイナス圏での推移が継続した。このような環境下、多くの発行体や投資家が従前のクレジット・スプレッドのみならず、金利の絶対値を意識し、起債・取引する傾向が強まっている。

　「ESG債市場の持続的発展に関する研究会」で、日本のESG債市場が発展するために必要な外部要因に関して議論を行った際、金利水準の正常化の必要性を指摘する声が多く上がった。発行体の観点からは、(1)企業等の資金調達が容易で、手間やコストをかけてまであえてESG債発行に取り組む必要性が認識されがたく、発行事例が増えないのではないか、(2)金融緩和に伴う過剰流動性が解消され、調達側に競争原理が働かなければ、ESG債としての差別化の動機が希薄なままにとどまるのではないか、といった意見があった。一方、投資家の観点からは、ESG債のクレジット・スプレッドのさらなる縮小余地が期待できないため、魅力的な商品と感じることが困難等の意見が述べられた。そのほか、外部要因としては、金融システムの構造をみるに、米国等に比して直接金融に発展の余地があることや、マクロ的な資金循環をみると企業等が長らく資金余剰主体となっており、経済の先行き不透明感等さまざまな理由を背景に本格的な投資が行われていない可能性等もあげられた。

　米国や欧州では、2000年代後半の金融危機以降の大規模金融緩和を正常化する動きもあるなか、日本の金融政策が今後、いつのように変化するのかを見極めるのはきわめてむずかしい状況にある。しかしながら、現行の金融政策が永続するわけではないとも考えられる。また、金融政策のいかんを問わず、日本は本章で紹介したような固有のESG関連課題を抱えており、経済・社会の持続可能性を確保するために、金融市場関係者も含めて、解決に向けた取組みを続けることが求められる。たとえば、ESG関連情報や起債・投資・分析等

のノウハウの蓄積、発行体と投資家の対話の促進、インデックス等の市場インフラの構築等は、金利水準がどのタイミングでどのように正常化するにせよ、ESG債市場の発展の一助になると思われる。

〔野村資本市場研究所　江夏　あかね、富永　健司〕

第14章

研究会からのメッセージ

日本のESG債市場は現在、まさに発展し始めたところだが、持続可能な社会を実現するために、今後、ますます重要な役割を果たすことが想定される。「ESG債市場の持続的発展に関する研究会」では、約１年間をかけて、同市場が持続的に発展するための課題について多面的に議論してきた。そして、本書の研究編でその主な論点を取り上げてきた。最後に、研究会での議論をふまえ、ESG債市場が持続的に発展するうえで鍵になると思われる要素を４点に集約し、研究会参加者の声とともに紹介することで本書のまとめとしたい。なお、参加者の声はそれぞれの立場からのものであり、研究会としての統一見解ではない。１つの論点に対しても多様な立場や見方がある。

インパクトの追求

　ESG債を通常の債券から差別化しているのは、資金使途となる環境・社会課題の改善効果がもつインパクトである。当研究会においても発行体、投資家に加えて市場においてさまざまな役割をもつ参加者が社会的インパクト（環境的インパクトを含む、以下同様）をキーワードとして、その重要性に複数の観点から言及した。下記に参加者からの具体的なインパクトへの言及をあげる。

・対象事業が環境面または社会面におけるポジティブなインパクトを有し、ネガティブなインパクトが限定的であることを、政策等の位置づけをふまえ、定量的または定性的に明確に説明していくことが重要。長期的に社会全般に便益を与えるものであることを関係者や一般に説明していくことにより、幅広いステークホルダーの関与や理解を得ることができ、ESG債市場の継続的な発展につながるものと思われる。

・ESG債の社会的インパクト・社会的リターンは環境・社会課題に関心をもつ若年層の共感を得やすいだろう。保有資産が少ないうちからESG債を通して資産運用を学ぶことができれば、次世代の運用リテラシー向上にESG債が一役買うことにもなろう。

・今後ビジネス環境が変化する過程で、プロジェクトの質が発行体の信用力に影響を及ぼすことになり、プロジェクトの透明性（資金使途の見極め、そこから得られるインパクト）や発行体の堅実なESG戦略（持続可能性への貢献）に対する評価の重要性が増してくる。
・社会的インパクトをつくりだすことを意識したESG投資の促進を行うこと、また、社会的インパクトを実現する過程にもより積極的な役割を担うことが投資家として必要であり、インパクトの生成にも主体的に関与する必要性を意識している。
・発行体に対して求めるべきグリーンプロジェクトの枠組みについては標準化の議論が進みつつある一方で、どこまでグリーン性を追求するかについては、（特に日本では）同業他社の取組みを参考にした、横並びの水準となりがちである。業種横断的にあらゆるグリーンボンドの発行にかかわれる外部評価機関こそ、日本企業であれば目指すべき「追加性」の水準を市場に示し、取組みを一歩高みへ導く牽引役となる必要があるのではないか。
・ESGに関する取組みの拡大は、環境・社会課題の改善を通じて証券市場の健全な成長にもつながっていく。市場参加者へのESG債に関する積極的な情報発信、投資教育等を行い、幅広い投資家のESGへの意識を高めることで、環境・社会にポジティブなインパクトを与える発行体の取組みが正しく評価される市場を育成していかなければならない。
・ESG債の販売を行う金融機関としても、発行体のインパクトの創出に対する意識を高め、その取組みが正しく評価されるよう、開示や販売面でのサポートを行うことが求められる。

　ここであげられている問題意識は、ESG債が担うべきインパクトの追求であり、インパクトこそがESG債の市場拡大のポイントとして位置づけられている。そうだとすると、インパクトをどのように測定・評価するかが問題になる。金利や利回り、信用格付によって債券は比較が可能であるが、インパクトは金融商品の要素として現状では比較ができない。そこで、類型化と定

量化による結果の計測もしくは評価が必要であり、参加者からは以下の事項の必要性に関する言及があった。
・社会的インパクトの類型化とインパクトに関して注意すべき問題（トレードオフ）の明示。
・社会的インパクトを定量化したうえで、資金がどれだけ効率的にインパクトにつながったかの評価。
・各ステークホルダーが社会的インパクトを定量的・定性的に計測・評価して貢献を公表・コミットする仕組みと、そのための人材高度化。
・社会的インパクトの定量化・評価については、必ずしも複雑な社会・環境課題を的確に測定・評価する標準化されたKPIがあるわけではないこと、バックキャスティングに基づく目標設定がなければインパクト（すなわち現象ではなく価値）を測定していることにならないことに留意。

　ESG債の特徴であるインパクトをめぐる議論は、従来の金融商品における議論とは大きく異なっている。インパクトおよび追加性の定量的な計測や、（信用格付の符合のような）定性的な評価の必要性と具体的な方法について議論を深めていく必要がある。

市場の育成に向けた取組み

　ESG債は、債券市場においていまだにニッチな存在であり、特に国内市場においてはようやく発行事例が積み上がってきた段階となっている。市場において価格発見機能が働き透明かつ公正な価格が形成されるには一定の規模、市場の流動性が必要であることは市場参加者の共通の認識と思われる。また、厳格な基準と透明性を有した市場の育成こそが重要であり、そのための方策を検討することが必要との指摘がなされた。ESG債市場を育成するために市場を取り巻く関係者にとって必要な取組みとは何だろうか。研究会の参加者からは以下の意見が提示されている。

【発行体への意見】
・グリーンボンドをはじめとしたESG債発行を通じた市場活性化、すなわち発行体としてESG関連金融商品を提供することによるESG投資マインド活性化と需要喚起が期待される。
・発行体は、ESG債で調達した資金が使われるグリーン／ソーシャルプロジェクトを毎年着実に組成し、適切に情報開示することで、ESG債市場関係者の期待に応えることが重要。
・企業経営における持続可能な開発目標（SDGs）への貢献、ESGへの取組み、共通価値創造（CSV）経営に関する意識の低い企業がいまだに多い。自社のESGスコアリングの低さを真摯に受け止め、それを向上させるための方策として、ESG債発行対象となるような事業や取組みについて、経営レベルで本腰を入れて検討し取り組む方向に促すべき。

【投資家への意見】
・現在のマーケットプラクティスにおいて最も普及している外部評価の取組みはセカンド・パーティ・オピニオンだが、最終的なグリーン性の評価の主体は投資家である必要がある。オピニオンを公表する側の知見の蓄積とともに、それを用いた投資の意思決定を行う側においても、より深くオピニオンレポートを読み込む知見が望まれる。投資家側における、グリーンであることを評価する知見の蓄積が望まれ、高いレベルの投資家からの要求は、外部評価の水準の向上にも資するだろう。

【関係省庁を含めた市場運営者への意見】
・市場参加者に対する啓蒙活動の促進が必要。
・債券市場におけるESG指数金融商品開発等の支援が必要。
・ESG債ないしその背景となるESG投資、グリーン投資に関して、まずは政府部内での認識を高め、それに取り組む姿勢を示していくことが必要。そのためには、省庁横断的な議論の場を新設することも考えられるが、すでにSDGsや地球環境・気候変動問題等に関して存在している省庁横断的な会議体や、各省の審議会（たとえば金融審議会など）を活用し、そのなかで

議題として取り上げることも考えられる。
- ESG投資へのインセンティブ措置の導入（発行体への補助金や税制優遇、欧州の保険会社向け財務健全性基準「ソルベンシーⅡ」におけるインフラ投資リスクの軽減措置のような投資家への優遇等）が望ましい。
- 補助金や税制優遇のような政策支援。ただし、その対象となるべき「ESG債」の範囲をどうするかについて、あわせて検討を深める必要がある。
- 国は、グリーンボンド等の社会的インパクトを伴う金融商品の市場拡大に向け、国際的な原則等と調和した国内制度整備を行うこと。市場をゆがめないよう配慮しながら、必要な支援措置を講ずること。表彰、情報発信等、機運を維持・醸成すること。

【外部評価への意見】
- 現状は表現方法が各社各様で、不足している情報が何かもわかりにくい。外部評価の質を一定以上に保ち、信頼性を高めることに加え、外部評価をみやすくすることを望みたい。

　ESG債の供給者である発行体の意識向上、発行体や投資家の背中を押す政策、市場における仕組みづくりが大きなポイントとして指摘されている。市場の仲介者である引受証券会社にも、市場参加者へのESG債に関する積極的な情報発信、投資教育等を行い、幅広い投資家のESGへの意識を高めることが望まれる。これらを通じて、環境・社会にポジティブなインパクトを与える発行体の取組みが正しく評価される市場を育成することが期待される。

ESG債の商品性の改善・向上

　ESG債の目的の一つに、パリ協定やSDGsの目標実現に向けてできるだけ多くの民間資金を導入することがあるとすれば、既存のESG債の商品設計がその目的に適したものかどうかを不断に見直してみる視点も有益である。たとえば、現在のESG債は元利金支払の信用力は通常の普通社債と同じであり

ながら、環境・社会課題への改善効果によるインパクトを備えた商品性が多い。しかし、より「環境・社会への投資」としての性格を際立たせる商品性が、よりインパクトを求める投資家を市場に呼び込む契機になるかもしれない。参加者からは以下のような言及があった。

- 現行の仕組みの場合には、投資家は、ESG債購入を見送ったとしても同じ発行体の普通社債が投資代替手段として存在している。発行体も然り、わざわざESG債を出さなくとも普通社債を出せばよい。ついては、普通社債と同じ信用力にしない仕組みを伴ったESG債の開発の議論が必要なのではないか。投資家・発行体双方にとって魅力的な仕組みであること、証券化市場やソーシャルインパクトボンドのような、対象事業・プロジェクトからのキャッシュフローとの紐づけや、事業リスクをとった人が経済的な果実を得られるような仕組みの考案、発行体にとってのオフバランスシート効果なども必要と想定される。
- 社会的インパクトを顕著に生じさせるESG投資商品の開発（公募プロジェクトボンド等）が重要。
- ESGインパクトは、債券の金融商品としての金利等の投資リターンのように必ずしも定期的に、あるいは短期間で発生するものではなく、インパクトのモニタリング体制等、投資家の投資リターンとESGインパクトの間の時間軸のミスマッチへの対応が必要とされる。
- 新しい環境的・社会的インパクトの類型の創出が重要。
- 欧米の投資家との対話で、「もっとしっかり融資の成果をわかりやすく説明してくれれば、多少の低金利は受け入れられる」とのコメントも聞かれる。

情報の蓄積と共有

　市場の成長のためには発行体や投資家による調査や分析、市場関係者への啓蒙活動が必要であり、情報を必要とする者が必要なデータにアクセスする

ことを可能にすることで、投資判断をより合理的に行うことが期待できる。インパクトの開示や計測方法等、ESG債に特有のインパクトの情報を整理し、分析可能で容易にアクセスできるようにすることが望まれる。参加者からは以下のような指摘があった。

・投資家としてESG債の正しい評価に関して、調査・研究を続けていかなければならない。ただし、歴史が比較的浅いマーケットであることから、有益な分析を行うために必要かつ十分なデータを蓄積するには時間を要する。
・ESG債に関する有効なデータ収集の継続と、質の向上に向けた取組みの推進が必要。
・質の高いデータを基にしたESG債に関する調査・研究の拡充が求められる。
・ESG債の発行実績の多い国際機関には、資金調達者のESG要素の分析に活用できるさまざまなデータが蓄積されている。しかし、データ公開の形式、タイミング等が部署ごとに異なっており、かつ表現が専門的過ぎてわかりやすいとはいえない。投資家目線でのデータの整理・公開を進めていければ、ESG要素の分析におおいに貢献しうる。

　いまだ記憶に新しい2008年の金融危機が過ぎ、ESG債市場は金融市場が長く安定的に成長しているタイミングで市場の拡大期を迎えている。他方で、地球レベルでの気候変動や生態系破壊等の環境問題、経済格差や貧困等の社会課題への対策は、持続可能な成長を遂げるために避けられない問題として意識されてきた。ESG債市場は、金融市場と社会課題が結びついた新しい市場であるが、今後どこかで起きる可能性のある金融市場の混乱を乗り越えて、市場として発展し続ける必要がある。本研究会に参加したさまざまな関係者の意見は、ESG債市場を健全に成長させるために必要なポイントを的確に指摘しているといってよいだろう。
　本書は、われわれの調査研究における最初の成果であり、これを契機にESG債市場のステークホルダーの間でさらに議論が広がり、ESG債市場の持

続的な発展につながることを期待したい。

〔「ESG債市場の持続的発展に関する研究会」事務局〕

【著者略歴】（2019年6月現在）

水口　剛（みずぐち　たけし）
　高崎経済大学　経済学部教授。博士（経営学）。
　1984年筑波大学卒業。商社、監査法人等の勤務を経て、97年高崎経済大学部講師。2008年より現職。専門は責任投資、非財務情報開示。主な著書に『責任ある投資－資金の流れで未来を変える』（岩波書店、2013年）、『ESG投資—資本主義の新しいかたち』（日本経済新聞出版社、2017年）など。

相原　和之（あいはら　かずゆき）
　野村證券株式会社　デット・キャピタル・マーケット部ESG債担当部長。
　1986年野村證券に入社。1988年より引受業務に携わり、東京、大阪、名古屋、海外拠点において事業会社、金融機関等の資本市場における資金調達をサポート。2017年10月より、現職。公益社団法人日本証券アナリスト協会検定会員。

足立　直樹（あだち　なおき）
　株式会社レスポンスアビリティ　代表取締役。
　東京大学・同大学院修了。博士（理学）。株式会社レスポンスアビリティ代表取締役、一般社団法人企業と生物多様性イニシアティブ（JBIB）理事・事務局長。持続可能なサプライチェーンの構築など、企業活動の持続可能化を支援。さらに、企業価値を高めるサステナブルブランディングにも力を入れている。

有馬　良行（ありま　よしゆき）
　世界銀行財務局　駐日代表。
　2000年に世界銀行入行。日本でIR活動全般を管轄し、投資家ならびに世銀債を取り扱う金融機関への各種サービス提供を行っている。1989年、東京銀行（現三菱UFJ銀行）入行。同行ニューヨークと合併後の東京三菱銀行で、商業銀行業務全般と各種債券業務を手がけた。著書に『戦後復興秘録』（共著、日本経済新聞出版社、2012年）等がある。

江夏　あかね（えなつ　あかね）
　株式会社野村資本市場研究所　主任研究員。
　オックスフォード大学経営大学院修了、経済学博士（埼玉大学）。ゴールドマ

ン・サックス証券等を経て、2012年より現職（研究分野は、国家・地方財政、信用分析及び格付け、ESG）。政府、地方公共団体等の委員を歴任。著書に『地方債投資ハンドブック』『地方債の格付けとクレジット』等がある。

河岸　正浩（かわぎし　まさひろ）
Nomura Asset Management Europe KVG mbH（NAM-EU）　Head of Investment/Co-CIO債券担当。
（前・野村アセットマネジメント株式会社　運用部　債券Co-CIO）
1990年野村アセットマネジメント（旧野村投資顧問）に入社。1993年よりポートフォリオマネージャーとして金利、為替、クレジットに係る運用に従事。2007年よりロンドン拠点債券チームを率いて、海外顧客向けにグローバル国債/社債マンデートの運用を行う。2014年日本に帰国後、債券アクティブ運用を統括。2019年4月より、現職。

佐藤　敦子（さとう　あつこ）
高崎経済大学　経済学部准教授。
ゴールドマン・サックス証券会社、ユニゾン・キャピタルを経て、早稲田大学大学院商学研究科博士後期課程（単位取得満期退学）。近年の研究領域はソーシャルインパクトボンド、インパクト評価、グリーンボンド市場、等。

竹林　正人（たけばやし　まさと）
サステイナリティクス　アソシエイトダイレクター／リードアナリスト。
英ユニバーシティ・カレッジ・ロンドン修士。シンクタンク、コンサルティングファーム等を経て、10年以上にわたり企業のESG評価分析・アドバイザリー業務に従事。ESG要因に基づく企業の競争優位性分析を専門とする。慶應義塾大学大学院経営管理研究科講師（非常勤）。

富永　健司（とみなが　けんじ）
株式会社野村資本市場研究所　副主任研究員。
2006年、野村證券に入社。債券関連の業務等に従事し、2014年より現職。研究分野は金融・証券制度、アジアの金融・資本市場動向。早稲田大学大学院ファイナンス研究科修了。

野村　亜紀子（のむら　あきこ）
　株式会社野村資本市場研究所　研究部長。
　1991年4月、野村総合研究所入社。NRIアメリカ・ワシントン支店、野村総合研究所資本市場研究部を経て、2004年4月の野村資本市場研究所発足に伴い転籍。年金制度、資産運用業界、証券市場制度等の調査研究を手がける。著書に『進化する確定拠出年金』（金融財政事情研究会、2017年）がある。

日比　保史（ひび　やすし）
　一般社団法人コンサベーション・インターナショナル・ジャパン　代表理事。
　野村総合研究所、国連開発計画を経て2003年より現職。2010年より本部アジア政策担当バイスプレジデントを兼務。国際協力における環境・社会配慮、気候変動と生物多様性、自然資本会計、企業サステナビリティ、非営利組織経営などが専門。世界71カ国を訪問。米デューク大学環境大学院修了。

平林　大（ひらばやし　だい）
　第一生命保険株式会社　債券部次長兼シニアファンドマネージャー。
　1999年第一生命保険入社。入社より有価証券投資や年金資金運用に従事し、国内外の株式、金利、クレジットのファンドマネージャー等を歴任する一方、製造業に出向し調達業務を経験。社債投資には通算7年従事し、2017年4月より現職。公益社団法人日本証券アナリスト協会検定会員。

松谷　博司（まつたに　ひろし）
　株式会社野村資本市場研究所　取締役社長。
　1983年野村證券株式会社入社。2006年執行役企業金融本部担当、2013年専務執行役員インベストメント・バンキング担当、2015年より取締役、2017年4月から現職。

森丘　敬（もりおか　たかし）
　株式会社格付投資情報センター（R&I）ストラクチャードファイナンス本部金融商品2部長　チーフアナリスト（格付企画調査室ESG推進部兼務）。
　1996年一橋大学経済学部卒業。同年日本公社債研究所（現R&I）に入社。年金コンサルティング業務を経て、2001年より証券化商品、LBO、プロジェクトファイナンス、航空機ファイナンス等の格付業務に従事。2016年よりグリーンボンド等の評価業務を兼任。DBJ Green Building認証のアドバイザリー委員会の委員。

安井　真紀（やすい　まき）
　国際金融公社（IFC）　シニア・ファイナンシャル・オフィサー。
　2018年8月IFC入社。東京事務所にて日本における資金調達、投資家とのリレーションを担当。IFC入社以前は、国際協力銀行（JBIC）にて航空機ファイナンス、中東・アフリカ向け融資、法務・コンプライアンス、企業審査等業務を担当。2018年7月までJBICワシントン事務所首席駐在員。2015年から2018年まで週刊エコノミストにコラムを執筆。

吉成　亮彦（よしなり　あきひこ）
　野村證券株式会社　デット・キャピタル・マーケット部　次長　ESG債担当。
　2005年に東京大学大学院修士課程（工学）を修了後、野村證券に入社。クオンツアナリスト、投資銀行のカバレッジ業務を経て、ワシントン大学（セントルイス）に社費留学しMBAを取得。2012年の帰国後は事業会社の株式・債券引受、2014年以降は証券化案件を中心に債券引受業務に従事しつつ、2017年10月よりESG債を担当。

事項索引

[英字]
AP 2 ……………………………… 96
CDP ……………………………… 19
ESG債ファンド ………………… 99
ESG証券化債 …………………… 38
ESGプロジェクト債 …………… 38
ESGレベニュー債 ……………… 38

[い]
インテグレーション ……… 28, 121, 154
インデックス …………………… 52
インパクト ……… 8, 128, 130, 151, 162,
　　　　　　　　　186, 187, 221, 226
インパクト投資 ………………… 28
インパクトレポーティング
　……………………… 186, 189, 194, 207

[う]
ヴィジオ・アイリス（Vigeo Eiris）
　…………………………………… 39, 174

[え]
エネルギー問題 ………………… 217
エンゲージメント ………… 28, 121, 138

[お]
欧州投資銀行（EIB） … 34, 58, 144, 181
大林組 …………………………… 88
オスロ国際気候環境研究セン
　ター（CICERO） ……… 39, 170, 175

[か]
外部評価（外部レビュー）… 9, 39, 168
格付投資情報センター（R&I）
　………………………… 128, 174, 182
カリフォルニア州教職員退職年
　金基金（CalSTRS） ……………… 98
環境インパクトボンド …………… 149

[き]
気候関連財務情報開示タスクフ
　ォース（TCFD） ………………… 23
気候債券イニシアチブ（CBI）
　………… 33, 39, 58, 140, 156, 169, 186
規範に基づくスクリーニング …… 28

[く]
グリーンウォッシュ …………… 204
グリーンプレミアム（グリーニ
　アム） ………………… 136, 157, 162
グリーンボンド ………………… 31, 58
グリーンボンドガイドライン
　2017年版 ………………………… 33
グリーンボンド原則（GBP） ……… 32
グリーンボンド発行促進体制整
　備支援事業（補助事業） …… 106, 194
グリーンボンド発行促進プラッ
　トフォーム ……………………… 105
グリーンボンド発行モデル創出
　事業 ……………………………… 104

[け]
経済格差 ………………………… 216
検証 ……………………………… 40

[こ]
国際協力機構（JICA） …… 69, 153, 200
国際金融公社（IFC） ………… 144, 206

国際標準化機構（ISO）............... 33

[さ]
サステイナリティクス 39, 173, 181
サステナビリティ・テーマ投資 28
サステナビリティファイナンス
  に関するアクションプラン 148
サステナビリティボンド 37, 66
サステナブルファイナンスに関
  するアクションプラン 25, 33
サステナブルファイナンスに関
  するハイレベル専門家グルー
  プ（HLEG）............... 25, 126, 169

[し]
自然災害 220
持続可能な開発目標（SDGs）
  .... 21, 41, 199, 201
持続可能な証券取引所イニシア
  チブ（SSE）........................ 52
ジャパン・グリーンボンド・ア
  ワード 109
少子高齢化 10, 211
人口減少 10, 211

[す]
スコアリング／格付 40

[せ]
世界銀行 34, 76, 96, 154, 157, 170,
  207
セカンド・パーティ・オピニオ
  ン 40
責任投資原則（PRI）......... 16, 19, 95

[そ]
ソーシャルインパクトボンド
（SIB）..................... 36, 149, 199
ソーシャルボンド
  .... 34, 66, 190, 198, 204, 205, 206
ソーシャルボンド原則（SBP）...... 35

[た]
第一生命保険 96, 221
脱炭素化 217
ダノン 66, 202

[ち]
地方経済の停滞 214

[つ]
追加性 8, 126, 130, 131

[と]
東京一極集中 214
東京都 81
トヨタモータークレジットコー
  ポレーション（TMCC）...... 58, 208

[な]
ナショナルオーストラリア銀行
  （NAB）............................ 143

[に]
日本学生支援機構（JASSO）... 86, 201
日本政策投資銀行（DBJ）
  .... 34, 37, 69, 77
日本生命保険 96
認証 40

[ね]
ネガティブ／除外スクリーニン
  グ 28
ネガティブ・スクリーニング 121

事項索引　239

年金基金 ································ 96
年金積立金管理運用独立行政法
　人（GPIF） ················ 16, 98, 158

[の]
ノール・パ・ド・カレー州（現
　オー・ド・フランス州） ······· 37, 66
野村総合研究所 ···················· 69, 79

[は]
パリ協定 ································ 22
パリ・グリーンボンド宣言
　（PGBS） ······························ 94

[ひ]
ピュア・プレイヤー ··········· 154, 198
標準的ESG債 ························· 38
貧困問題 ····························· 216

[ふ]
フィデューシャリー・デューテ
　ィー ······························· 138
プライシング ················· 136, 156
フランス国債 ························ 142
フランス電力（EDF） ················ 69
フレームワーク ······················· 49

[ほ]
ポジティブ・スクリーニング
　································ 28, 121

[め]
メキシコ・シティ・エアポー
　ト・トラスト ················ 178, 193

[ゆ]
ユニバーサルオーナー
　···················· 7, 148, 151, 164, 199

[よ]
予防接種のための国際金融ファ
　シリティ（IFFIm） ········ 34, 66, 76

[ら]
ラベル ·································· 3, 153

[れ]
連邦住宅抵当公庫（ファニーメ
　イ） ································ 142

[わ]
ワクチン債 ········ 36, 66, 76, 157, 207

サステナブルファイナンスの時代
──ESG/SDGsと債券市場

2019年6月28日	第1刷発行
2022年5月26日	第3刷発行

編著者　水口　剛
　　　　野村資本市場研究所「ESG債市場の
　　　　持続的発展に関する研究会」
発行者　加藤一浩

〒160-8520　東京都新宿区南元町19
発　行　所　一般社団法人 金融財政事情研究会
企画・制作・販売　株式会社きんざい
　出 版 部　TEL 03(3355)2251　FAX 03(3357)7416
　販売受付　TEL 03(3358)2891　FAX 03(3358)0037
　URL https://www.kinzai.jp/

校正：株式会社友人社／印刷：三松堂株式会社

・本書の内容の一部あるいは全部を無断で複写・複製・転訳載すること、および磁気または光記録媒体、コンピュータネットワーク上等へ入力することは、法律で認められた場合を除き、著作者および出版社の権利の侵害となります。
・落丁・乱丁本はお取替えいたします。定価はカバーに表示してあります。

ISBN978-4-322-13465-0